この言葉の「違い」、説明できますか?

日本こだわり雑学倶楽部

講談社+α文庫

第1章 ニュース編 この違いわかりますか?

第2章 生活編 気になっていたことがわかる

第3章 常識編 知ってるつもりで知らないことばかり

第4章 食べ物・健康編 えー、そうだったの？

第5章 仕事編 知らないと恥ずかしい！

第6章 身近な法律編

違いがわかると意味もわかる

第7章 気になる言葉編
間違った意味で使っていませんか？

編集協力／ことぶき社

この言葉の「違い」、説明できますか？

第1章

ニュース編　この違いわかりますか？

重体と重傷ってどう違うの？

「運転していた夫は重体、助手席の妻も重傷を負った」——交通事故を伝えるニュースです。この場合、夫と妻のどちらがより深刻な状態でしょうか。

「重体」とは、病気やケガで容体が非常に重い状態をあらわし、「重態」と書く場合もあります。一方、「重傷」は深い傷やひどいケガをさします。

似たような言葉ですが、「重体」と「重傷」には、容体の程度に大きな違いがあります。

「重体」という言葉は、「重傷」の人が脳や内臓に大きな損傷を負うなど、「生命の危機に瀕している状態」にあることを、簡潔かつわかりやすく伝えようとする際に用いられます。「意識不明の重体」などというように、要するにとても深刻な状態です。

一方、単に「重傷」という報道の場合には、ケガの状態こそ軽くはありませんが、少なくとも現状では命にかかわるわけではないことがわかります。

よって冒頭の例では、「重体」の夫のほうが「重傷」の妻よりも容体が重いのです。

重傷と軽傷ってどう違うの？

事故などのニュースでは「重傷」のほかに「軽傷」という言葉も使われます。

じつはマスコミの事故報道は警察発表に基づいていて、これらの言葉の意味は警察用語の取り決めによって区分されています。

「重傷」は30日以上の治療を必要とするケガ、「軽傷」は30日未満の治療を必要とするケガのことです。なお、交通事故の「死亡」は、事故が起きてから24時間以内に亡くなった場合をいいます。それ以外の場合は、交通事故の「死亡」にはカウントされません。

また、消防における救急の程度分類では、「入院が必要かどうか」を基準に、警察とは少し異なる分類になっています。3週間以上の入院が必要なものを「重症」、入院がいらないものを「軽症」といい、そのほかに「中等症」という区分があり、入院が必要だが「重症」ではないものをいいます。

死体と遺体ってどう違うの？

お葬式に行って、「遺体」のことを「死体」なんて言ったら常識を疑われます。

というのも、「死体」という言葉には客観的に生き物の死の事実のみを伝えるニュアンスがあり、肉体を「一個の物体」とみている語感があるからです。

「遺体」も同様に死んだからだを意味しますが、「ご」を付けて「ご遺体」とする場合があることからもわかるように、「人のからだ」であることを強調した、丁寧な表現だといえます。

ですから、死者を尊重したり、遺族などへの哀悼の意を込めたりする場合には「遺体」を使うほうが適切だといえます。家族同様にかわいがられていたペットが亡くなった場合に用いても問題ありません。

ニュースなどでは、「今朝、川岸で男性の死体が発見された」のように、事件や事故などで死者の身元が不明の場合には「死体」を用い、身元が判明した時点、または、はじめから明らかになっている場合には「遺体」を用いるという使い分けもあるようです。

出血と失血ってどう違うの?

血液が血管の外に流れ出てしまうことを「出血」といいます。「失血」という言葉もよく聞きますが、こちらは出血によって急激に多量の血液を失うことをいいます。

包丁で指を切ってしまったり、鼻血が出たりという程度の「出血」なら、誰もが経験したことがあるでしょうが、「失血」となるとことは穏やかではありません。

酸素や栄養分を全身の細胞に送る血液は、言うまでもなく私たちの命を支える、とても重要なものです。このため、急激に多量の「出血」をすると、血圧も急激に低下し、多臓器不全やショック状態を起こし、最悪の場合は「失血死」に至ることがあります。成人の場合では、全血液量の3分の1以上を失うと命にかかわるとされています。

余談ですが、店頭などで「出血大サービス」と掲げられているのを目にすることがあります。「出血」は比喩的に、金銭上の損が出ることもあらわします。「赤字覚悟でお客様にサービスしますよ!」というわけです。

拉致と誘拐ってどう違うの?

「拉致《らち》」という言葉は「○○国によって日本人が拉致された」など、近年になってマスコミを通じて見聞きすることが増えた言葉の一つでしょう。

似たような言葉に「誘拐」がありますが、この二つはどう違うのでしょうか。

「拉致」も「誘拐」も「人を連れ去ること」という意味は同じです。ただ一般的に、「拉致」は「有無を言わさず無理やり」というケースに、「誘拐」は「甘い言葉をささやくなどしてだまして」というケースに使われることが多いようです。

また、連れ去られる対象についても、「誘拐」が子どもを含むのに対して、「拉致」には大人に限定するニュアンスが込められるという違いがあります。

なお、「誘拐」は法律用語の一つですが、「拉致」には法律上の定義はありません。

刑法では、「不法に人を他の保護状態から離して自己または第三者の支配内に置くこと」を「略取《りゃくしゅ》・誘拐罪」としています。暴行・脅迫を手段とするものが「略取」、誘惑など非暴力的手段によるものが「誘拐」です。両者を総称して「拐取《かいしゅ》」ともいいますが、日常用語としてはこの拐取をさして「誘拐」と呼ぶケースも少なくありません。

軟禁と監禁ってどう違うの？

「軟禁」も「監禁」も、「人を一定の場所にとどめ、自由を制限する」という意味は同じですが、「自由」の程度が違います。

「監禁」は、人を牢や特定の一室などに閉じ込めて、自由に外に出られない状態にすることをいいます。

一方、「軟禁」とは、人を自由に外出できないようにし、外部との交渉・接触を制限しますが、完全に行動の自由を奪うわけではない状態をさします。つまり、「監禁」の程度が軽いものを一般に「軟禁」といいます（法律上はすべて「監禁」です）。

ニュースで、「A国で反政府活動家として知られるB氏が当局により拘束され、自宅軟禁状態に置かれた」と報じられる場合は、B

氏は自宅から出ない限りは一定の行動の自由が許されていると考えられます。

「軟禁」されていた著名人としては、ミャンマー（旧・ビルマ）の民主化運動指導者であるアウンサンスーチー氏がよく知られていります。軍事政権によって1989年以来、断続的に自宅に「軟禁」され、たびたび国際的に、ミャンマー当局に対する非難の声があがっていました。

ユニセフとユネスコってどう違うの？

「ユニセフ」「ユネスコ」は、どちらも国連の機関の一つです。

「ユニセフ」（UNICEF）は日本語では「国際連合児童基金」といいます。設立当初はおもに子どもを対象に、第二次世界大戦後の緊急援助活動を実施する機関でした。

日本も戦後しばらく「ユニセフ」の物資援助のお世話になりました。ある世代以上の学校給食の思い出といえば、まずは「援助品の脱脂粉乳（乳脂肪分を取り除いた牛乳を粉末にしたもの）が浮かぶ」と言います（栄養価は高いのですが、味はいまいちだったそうです）。

現在は開発途上国や紛争が起きている国・地域の子どもの支援、子どもの権利の啓蒙などを中心に活動しています。

「ユネスコ」（UNESCO）は日本語で「国際連合教育科学文化機関」といいます。各国の教育・科学・文化の発展と推進を目的に活動しています。

活動の内容は識字率の向上や義務教育の普及などさまざまですが、私たちにもっともなじみがあるのは「世界遺産」に関わる活動でしょう。

「ユネスコ」は「世界遺産条約」に基づき、人類にとって普遍的な価値のある文化財や自然環境の登録・保護を推進しており、日本からも厳島《いつくしま》神社や知床《しれとこ》などが世界遺産として登録されています。

国際連盟と国際連合ってどう違うの？

「国際連盟」は、第一次世界大戦の反省から1920年に発足した、史上初の平和を目的とする国際機構です。

42ヵ国で設立され、60ヵ国以上が加盟しましたが、アメリカの不参加や、全加盟国が賛同しなければ効力をもたない議決方式などにより、十分に機能せず、第二次世界大戦の勃発を避けられませんでした。

こうした反省から、より実効力のある国際機構をめざして誕生したのが現在の「国際連合（国連）」です。

国連は、世界の平和と経済・社会の発展のために協力することを目的に発足した国際機構です。1945年10月の発足当時の加盟国は51ヵ国でしたが、2012年現在、193ヵ国が加盟しています。中心となる機関は、全加盟国で構成される「総会」と15ヵ国からなる「安全保障理事会（安保理）」です。

総会では、国際紛争から経済・社会問題にいたるまで、さまざまな問題が議題に上ります。議案について各国は1票の投票権をもち、重要な問題は3分の2以上の多数決で決定されます。ただしその決定に強制力はなく、加盟国に〝勧告〟するにとどまります。

これに対して、紛争解決などの安全保障を取り扱う安保理の決定は強制力をもちます。とくに15ヵ国のうち、アメリカ、イギリス、ロシア、中国、フランスの5ヵ国（常任理事国）は強い権限をもち、いずれか1ヵ国が反対すると議案は否決されます。

サミットとG8ってどう違うの？

国際会議で「G8」というものがあります。「G」は「Group」の略。日本、アメリカ、ドイツ、イギリス、フランス、イタリア、カナダ、ロシアの8ヵ国の財務相と中央銀行総裁が集まる「主要8ヵ国財務相・中央銀行総裁会議」のことです。

この会議では、おもに世界経済や為替《かわせ》動向、金融問題について話し合われ、通常は春・秋・冬の年3回程度開催されます。

一方、「サミット」（主要国首脳会議）とは、このG8の国々の首脳が集まり、政治・経済を中心に話し合う年1回の定期会議です。

「サミット（Summit）」とは「頂上」の意味で、世界に影響力をもつ国のリーダーが一堂に会することからこう呼ばれます。

最近では、8ヵ国の首脳が集まる「サミット」そのものをさして「G8」という場合もあります。

近年、グローバル化と新興経済国の台頭により、限られた国だけでは対処が難しい問題が増えています。このため、中国やインド、ブラジルなどの経済規模の大きい国を加えた「G20」という国際会議の枠組みにも注目が集まっています。

NPOとNGOってどう違うの？

「NPO」と「NGO」ってまぎらわしいですね。どこが違うんでしょうか。

「NPO（Non-Profit Organization）」と

は、社会的な問題に「非営利」で取り組む民間組織の一般的な総称です。

「非営利」といっても、グッズ販売などの収益活動をしてはいけないわけではありません。ここでいう「非営利」は、事業で得た収益を株主に配当として分配しないという意味です。一般企業であれば株主に還元する利益を、ＮＰＯの場合は目的実現のために使います。

「ＮＰＯ」は、日本国内ではとくに「ＮＰＯ法人」の意味で使われます。ＮＰＯ法人とは、「特定非営利活動促進法」に基づいて法人格を取得した民間組織の総称。ＮＰＯ法人には、団体として銀行口座が開設できたり事務所を借りられたりするなどのメリットがあります。

「ＮＰＯ」に似たものに「ＮＧＯ（Non-Governmental Organization）」がありま す。これは「非政府組織」という意味です。「ＮＧＯ」も非営利組織ですから「ＮＰＯ」に含まれますが、一般的に、人権・環境・平和など、国際的な諸問題に取り組む民間非営利組織については、「ＮＰＯ」ではなく「ＮＧＯ」という呼び方がよく用いられます。

ワシントンとワシントンＤＣってどう違うの？

アメリカ合衆国の首都は「ワシントン」です。しかし世界地図を開くと、アメリカの西海岸側の最北部に「ワシントン」、東海岸側に「ワシントンＤＣ」と、二つの「ワシントン」があります。どちらがアメリカの首都でしょうか——正解は「ワシントンＤＣ」。

「ワシントンＤＣ」の正式名称は「Washington, District of Columbia」、日本語で「ワシントン・コロンビア特別区」といいます

（ワシントン市ともいいます）。

行政区画上、アメリカの他の州とは異なる「連邦特別区」という特別な位置づけで、大統領官邸のホワイトハウス、連邦議会議事堂、連邦最高裁判所という三権（行政・立法・司法）の最高機関をはじめとする中央官庁が置かれています。

もう一つの「ワシントン」は「ワシントン州」。同じワシントンの名こそ冠していますが、両者はまったく別ものというわけです。

じつは、アメリカには「ワシントン」という地名が数多くあります。「ワシントンDC」「ワシントン州」を含め、その多くが初代アメリカ大統領ジョージ・ワシントンの名前にちなんでつけられたものです。

日本のニュースなどでは、単に「ワシントン」とした場合には首都「ワシントンDC」のことをさし、ワシントン州のことは「州」を付けて「ワシントン州」と呼ぶのが一般的です。

上院議員と下院議員ってどう違うの？

アメリカの政治に関するニュースで、「上院」「下院」という言葉をよく耳にします。

多くの国では、国民の選挙で選ばれた議員による議会政治が行われていますが、この議会には「一院制」と「二院制」があります。

「二院制」には権力の集中を防ぎ、慎重な審議ができるといったメリットがあり、アメリカ、イギリス、日本などで採用されています。

一方の「一院制」は効率的な政策決定が可能で、スウェーデン、ニュージーランド、韓国などでとり入れられています。

一般的に、二院制では「国民の代表」とい

う性格が強いほうが下院、それ以外が上院となります。

また、「下院議員」は、通常、各選挙区の人口に比例して選出されますが、「上院議員」は特定の階級の代表者や、アメリカ上院のように各州代表などさまざまで、必ずしも人口に比例して選出されるわけではありません。

一般的に、国民の意見を反映しやすい下院のほうが権限が強いとされます。多くの二院制の国ではこれが当てはまりますが、州の独立性が強いアメリカの場合は事情が異なります。下院（全435議席を人口比で各州に配分）は予算案を先に審議できますが、各州2名ずつの代表からなる上院は閣僚人事や条約の承認権限をもつため、その権限はとても大きいのです。

中国とシナってどう違うの？

「中国」は、現在の中華人民共和国に対する略称として用いられる言葉ですが、この言葉には、中国古来の考え方にもとづく「世界の中心」（中華）という意味もあります。

一方の「シナ（支那）」とは、主として外国人が中国をさして用いる古い呼び名の一つです。一説では中国の王朝「秦《しん》」の名が西方に伝わり変化したものとされます。英語のChinaもここからきています。ちなみに、中華人民共和国の正式英語名称はPeople's Republic of China。

以前、日本の政治家が中国のことを「シナ」と表現して中国側の反発を買ったことがありました。なぜでしょうか。

この呼び名は、地理的に世界のなかの中国

を位置づける一般的な呼称として、日本では古くから使われ、本来はとくに深い意味は含まないとされます。

ただ、戦前戦中の日本において中国を呼称する際に差別的なニュアンスで用いられる場合もあったとされ、現在では差別語とみなされることがあります。このため、「シナ」という言葉はマスコミなど公《おおやけ》の場での使用は避けられており、「支那そば」「支那竹」のように従来から日常的に使われていた呼称も最近はあまり聞かれなくなりました。

大使館と領事館ってどう違うの？

国が、外交上の拠点として相手国内に設置する施設を「在外公館」といいます。「大使館」も「領事館」も在外公館の一つですが、設置される場所や機能に違いがあります。

「大使館」は、各国の首都に置かれ、自国を正式に代表する「特命全権大使」が派遣されています。この「大使館および大使」は国を代表して、相手国政府との交渉、その国の政治・経済ほかの情報収集と分析、自国を正しく理解してもらうための広報文化活動などを実施します。

自国民の生命・財産の保護や、自国への入国を許可する査証（ビザ）の発給も重要な仕事です。

「大使館および大使」には、公館への不可侵権や大使の不逮捕特権など、さまざまな外交特権が与えられています。

一方、「領事館」は外交官の一種である「領事」の拠点として、首都とは別の主要都市などに置かれるものです。このため、一つの国に「領事館」がいくつも置かれることがあります。

「大使館」と「領事館」は実際の仕事の内容に大きな違いはありませんが、領事には政治的に国を代表して相手国政府と交渉する権限はありません。また、領事にもさまざまな特権が認められていますが、大使などに比べてその範囲が限定されます。

紛争と戦争ってどう違うの？

「紛争」という言葉には、「問題点をめぐり異なる立場同士が争う」という意味がありまます。

貿易不均衡をめぐる「経済紛争」など、武力行使の如何《いかん》にかかわらず争いごとやもめごと全般をさして使われますが、国際ニュースなどで紛争という場合の多くは、武力衝突である「武力紛争」をさしています。では、この「（武力）紛争」と「戦争」はどう違うのでしょうか。

「紛争」も「戦争」も、異なる勢力が武力をもって激しく争うことには変わりありませんが、国際法上は「戦争」は一般的に国家間でなされるものとされ、非国家が主体の武力衝突である場合に「紛争」とされています。

また軍事的な観点からは、「紛争」は比較的小規模な武力衝突、「戦争」はより大規模で全面的な武力衝突と考えられています。

日本のニュースなどでは、争いの規模や程度が大きいか小さいかによって両者を使い分けることが多いようです。

たとえば、1982年にフォークランド諸島（英名）の領有権をめぐって、イギリスとアルゼンチンの間で生じた武力衝突は国同士の争いでしたが、その規模や程度が比較的小さいと考えられるため、日本では「紛争」と表現されています。

機動隊と自衛隊ってどう違うの？

そろいの制服を着てヘルメットをかぶり、盾《たて》を構えてズラリと路上に並ぶ姿でおなじみの「機動隊」。そのものものしい装備から「自衛隊」と変わらないようにも見えますが、二つはまったく異なるものです。

国防を担《にな》う「自衛隊」とは違い、「機動隊」は国内の治安維持を主任務とする「警察」です。

「機動隊」は、警備担当の中心部隊として治安警備や災害警備などにあたります。各都道府県の警察の下に常設部隊として設置されるほか、管区機動隊と第二機動隊（特別機動隊、方面機動隊）も設置されています。

「機動隊」内には専門部隊として爆発物処理班、機動救助部隊、水難救助部隊、銃器対策部隊などの機能別部隊が編制され、一部の都道府県にはハイジャックや人質たてこもり事件などに対処する特殊部隊（SAT）も設置されています。

さらに、大規模災害が発生した際の初動措置にあたる広域緊急援助隊や国際緊急援助隊が、全国の警察の機動隊員、管区機動隊員などで編制されます。

なお、「機動隊」と「自衛隊」は、その役割こそ異なりますが「国民の生命、財産を守る」という立場は同じです。

国際テロなど警察力だけでは対処できない事態も想定されることから、武装集団の国内侵入などを想定して共同で訓練にあたることもあります。

大統領と首相ってどう違うの？

世界の国々の政治制度はさまざまですが、大別すると議院内閣制と大統領制に分けられます。原則的に、行政をリードするのが「首相」なら議院内閣制、「大統領」なら大統領制です。

では、「首相」と「大統領」の違いは何でしょうか。

最も大きな違いは、選ばれ方にあります。議院内閣制では、議会の多数派から選出された「首相」が内閣を組織して国政を担います。「首相」は議会の信任を得ていることから、内閣と議会が激しく対立することが少なく、政治運営が安定しやすいとされます。日本やイギリスをはじめとするヨーロッパの国々が採用している制度です。

これに対して、「大統領」は、国民による直接選挙により選出されます。国民の直接の信任を得ている「大統領」には大きな権限が与えられ、強いリーダーシップを発揮できます。

その一方で、「大統領」の所属政党と議会の多数党が異なる場合には、「大統領」と議会が対立して政治が混乱しやすくなります。大統領制を採用している国の代表格といえば、アメリカが挙げられるでしょう。

両方を組み合わせた政治形態がとられている国もあります。ただし、「大統領」と「首相」の権限については一様ではなく、ドイツやイタリアのように形式的に「大統領」が置かれる国もあれば、フランスのように「首相」よりも「大統領」の権限のほうが大きい国もあります。

総理大臣と首相ってどう違うの？

日本では、「総理大臣」は「首相」とも呼

ばれます。この二つの言葉の意味の違いって何でしょうか。

「総理大臣」は「内閣総理大臣」の略称です。「総理」という言葉には、「すべてを統一して管理すること、またその任にある人」という意味があります。

国の行政権を担当する最高機関として内閣があり、「総理」はそのトップとして、国の方針を決定したり、諸外国との会合に出席します。また、自衛隊の最高指揮官として、災害発生時などには、自衛隊に災害援助活動の出動を命じることもあります。

では、「首相」とは？

財務大臣を「財務相」、外務大臣を「外務相」と呼ぶことからもわかるとおり、「相」とは「大臣」のことを意味します。これに一番という意味の「首」をつけて「首相」です。つまり「一番えらい大臣」という意味であり、国内でいえば「すべてを統一して管理する任にある」総理大臣となるわけです。

「首相」は英語では「Prime Minister」と訳されます。日本では「総理大臣」をさして「首相」ともいいますが、ニュースなどでは海外のPrime Ministerの役職にある人のことをさして「総理大臣」とは言いません。

たとえば、イギリスのPrime Ministerは職制上は日本の「総理大臣」と変わりはありませんが、「○○総理大臣」ではなく「○○首相」と表記するのが一般的です。これは「総理大臣」という言葉が日本固有の官職名だからです。

なお、日本の「首相」の呼称は「内閣総理大臣」が正式であり、「首相」は慣用的に使用される通称となります。

衆議院と参議院ってどう違うの？

日本の国会は「衆議院」と「参議院」で構成される二院制です。「衆議院」の議員の任期は4年（衆議院解散の場合は任期満了前に終了）で、選挙制度は小選挙区制と比例代表制に分かれます。

一方の「参議院」の議員の任期は6年で、解散はなく3年ごとに半数が改選されます。選挙制度は選挙区制と比例代表制に分かれます。

日本では、下院である「衆議院」で選ばれた多数派が政権を担うルールで、一方の「参議院」には「衆議院」のチェックや補完する機能が期待されています。

両院の議決が異なるときは、予算の議決や条約の承認、首相指名では「衆議院」が優先し、「内閣不信任決議」を行う権限も「衆議院」だけがもちます。

このようにいくつかの点で「衆議院」の権限が強いのですが、普通の法案の成立には「参議院」の可決も必要なため、「参議院」の動向がときに政局（政治の局面）につながることもあります。

日本では2010年7月の参議院選の結果、衆参両院で多数派が異なる、いわゆる「ねじれ国会」の状態になりました。

ねじれ国会では、「衆議院」で可決された政府・与党の提出法案が、野党が多数派の「参議院」で否決されるケースが増え、法案成立が難しくなります。このため、ねじれ国会の下では、政府・与党は大変難しい政権運営を強いられることになります。

選挙と総選挙ってどう違うの？

クラスの学級委員選び、会社・団体での役員選びなど、「選挙」にもいろいろありますが、その筆頭に挙げられるのは、やはり国民が国会議員を選ぶ「国政選挙」でしょう。

この国政選挙に関連して「総選挙」という言葉を耳にします。これを「衆議院と参議院で一斉に行われる選挙」と思っている人もいるかもしれませんが、違います。

一般的に、立法府の議員の全員を一度に改選する選挙を「総選挙」といいます。

衆議院議員は任期の満了か、任期途中での議会の解散により、議員の全員が一斉に改選されます。

これに対して、参議院議員は3年ごとに半数が改選されるしくみで、全員が一斉に改選されることはありません。

このため「総選挙」という言い方は通常は衆院選に限定して使用されます（再選挙、補欠選挙を除く）。参院選については「通常選挙」と呼ばれます。

証人喚問と参考人招致ってどう違うの？

「野党は、収賄容疑で逮捕された与党××議員の証人喚問を要求」――政治家のスキャンダルや企業の不祥事が明らかになった際などによく耳にする、この「証人喚問」とは何でしょうか。

憲法では、衆参両院が国政について調査する権限を認めています。これを「国政調査権」といいます。「証人喚問」は、この国政調査権の一つで、証人の国会への出頭や証言を要求できる制度のことです。

議院証言法に基づき、証人は理由なく出頭や証言を拒否したり、証言でウソをついたりすれば処罰されることもあります。

かつての「証人喚問」の例としては、証人が「記憶にございません」を繰り返した「ロッキード事件」がよく知られ、最近では、「AIJ投資顧問問題」などが記憶に新しいところです。

「証人喚問」に似たものとして「参考人招致」という言葉もよく聞きます。

これも国政調査権の一つで、国会の委員会などで専門的な案件の審査や調査をする際に、参考人の出頭を求め、意見を聞くことができる制度です。議員や官僚、利害関係者、専門家などが国会に招かれます。

ただし「証人喚問」とは異なり、参考人として出頭するかどうかは本人の自由で、また仮に意見にウソがあっても処罰されません。

この強制力の違いから、議員のスキャンダルがあった際などには、どちらの方法で当事者を国会に呼ぶかで、与野党間で政治的な駆け引きが展開されることもあります。

A級戦犯とBC級戦犯ってどう違うの？

毎年の夏、終戦の日が近づくと、首相の靖国神社参拝がニュースを賑わします。A級戦犯の合祀《ごうし》をめぐる論争も活発になります。そもそもA級とは何か？　BC級とどう違うのでしょうか。

「A級戦犯」とは、第二次世界大戦後の極東国際軍事裁判（いわゆる東京裁判）で、侵略戦争を引き起こしたとして有罪判決を受けた指導者たちのことです。

同裁判所条例では、戦争犯罪を3項目に分け、A＝平和に対する罪、B＝（通例の）戦争犯罪、C＝人道に対する罪と規定しました。このうちAの罪が問われた者を「A級戦犯」、B、Cにあたる罪が問われた者を「BC級戦犯」と呼びます。

よく、この「ABC」という言葉が罪の軽重をあらわし、「A級＝最も罪が重い」と誤解されることがありますが、「A級」だから罪が重い、「BC級」だから罪が軽いというわけではありません。ただ、「侵略戦争を引き起こした」とするAの規定が、同裁判では最も重い犯罪と解釈され、量刑が重かったことは事実です。

東京裁判で裁かれたのは、「A級戦犯」とされた東条英機元首相ら軍・政府首脳の28人。このうち死刑になったのは7人。一方、「BC級戦犯」については、連合国ほか計7ヵ国（旧ソ連を含めると8ヵ国）がそれぞれ裁判を行い、約5700人が裁かれ、900人以上が死刑になりました。

原油と石油ってどう違うの？

私たちの生活に欠かせない「原油」と「石油」ですが、その定義は業界や学術分野などによってさまざまです。

両者は「石油（原油）の価格が高騰」「原油（石油）の埋蔵量」のように厳密に区別をせずに用いられることもあります。

一般的には、「原油」は地下から産出したほぼ天然状態のままの未精製の石油をさし、「石油」は「原油」から不純物を取り除くなど、化学的に精製してできる石油製品（灯油、ガソリン、軽油など）の総称として用いられます。

ちなみに、「原油」はバレルという世界共通の単位で取引されます。これは英語で樽《たる》を意味する言葉です（1バレルは159ℓに相当）。

「原油」の価格は、指標油種と呼ばれる原油が取引されることで決まります。なかでも最も影響力が大きいとされるのが、北米中西部で産出される原油「WTI（ウエスト・テキサス・インターミディエート）」の先物取引です。

その取引に世界中から莫大な資金が集まり、取引市場の透明性も高いとされるため、原油価格の指標として世界中から注目を集めます。

ニュースで、「1バレル○○ドル」「原油価格が最高値を更新！」などと報じられる場合は、このWTIの取引価格をさしています。

スンニ派とシーア派ってどう違うの？

ニュースで「スンニ派とシーア派の対立」などと聞いて、イスラム教のことだとはわかっても、その違いがピンときません。

イスラム教は、キリスト教に次いで世界で二番目に多くの信者をもつ宗教です。信者数は約16億人と推定されます。

そもそも、「スンニ派」「シーア派」は、予言者ムハンマド（マホメット）が唯一神アッラーの啓示《けいじ》を受けて創始したとされるイスラム教の二大宗派です。

「シーア派」は、イスラム宗派のなかで二番目に大きな宗派。ムハンマド亡きあとの後継者として、いとこのアリーやその息子フセインを神聖視し、その聖廟への巡礼が重要な宗教儀式となっています。

一方、「スンニ派」は、イスラム宗派のなかで最大多数派を形成しています。「シーア派」とは異なり、特定の預言者の血統に神聖性を認めず、預言者ムハンマドの時代から積み重ねられた「慣行（スンナ）」と共同体の合意を尊重します。

その「スンニ派」の原理主義勢力である「ワッハーブ派」では、「シーア派」の宗教行事を、イスラム教で厳しく否定される「偶像崇拝」（絵画や彫像、自然物などの具体的なモノを信仰の対象として崇拝・礼拝すること）であるとして異端視します。また、「スンニ派」の一部でも、聖人をあがめる「シーア派」を否定しています。

同じイスラム教とはいえ、このように預言者ムハンマドの後継者をめぐる見解に大きな違いがあるため、イスラム教徒が多数住む中東諸国では、これが対立の火種となる場合もあります。

「シーア派」の信徒が人口の半分以上を超える国は、イラン、イラク、レバノン、アゼルバイジャン、バーレーンなどです。

マグニチュードと震度ってどう違うの？

地震が多い日本では、一年を通じて「○○県北西部で、マグニチュード○の地震が発生、震度○を観測」といったニュースが絶えません。

「マグニチュード」と「震度」はセットで用いられることが多いのですが、内容はまったく異なります。

「マグニチュード」は、「地震のエネルギーの大きさ」をあらわす値《あたい》で、「Ｍ」の記号を用いて「Ｍ３・５」「Ｍ６・０」などとあらわされます。

「マグニチュード」の値が１大きくなると地震のエネルギーは約30倍、２大きくなると約１０００倍になり、「マグニチュード」が大きいほど広範囲で揺れを感じることになります。

一方、「ある地点での地震の揺れの強さ」をあらわす値が「震度」です。「震度5弱」「震度5強」「震度7」など10階級であらわされます。

同じ「マグニチュード」の地震でも、震源からの距離で「震度」は異なります。この両者の関係は、「マグニチュード」を「電球の明るさ（ワット数）」、「震度」を「机の上の明るさ」と考えるとわかりやすいでしょう。

つまりワット数（マグニチュード）が大きいほど、机の上は明るくなり（震度は大きくなる）、同じワット数（マグニチュード）でも、電球（震源）までの距離が近いほど、机の上は明るくなります（震度は大きくなる）。

2011年に発生した東日本大震災は、マグニチュード9・0、最大震度7、死者・行方不明者は約1万9000人にのぼりました。1923年の関東大震災は、マグニチュード7・9。詳しい震度の記録は残っていませんが、最大震度7と考えられています。死者・行方不明者は約10万5000人です。また、1995年の阪神・淡路大震災は、マグニチュード7・3、最大震度7、死者・行方不明者は6400人以上を数えました。

第2章

生活編　気になっていたことがわかる

BSとCSってどう違うの？

「BS」も「CS」も宇宙に浮かぶ人工衛星から送信される衛星放送のことですが、使用する衛星によって、放送衛星（BS＝Broadcasting Satellite）と通信衛星（CS＝Communications Satellite）に分けられます。

もともとは、「BS」が広範囲な一般視聴者向けの放送を目的としていたのに対し、「CS」は通信事業を目的として、おもに企業など特定の受信者の利用を想定していました。しかし、その後の放送法改正によって「CS」も一般向け放送が可能になったのです。

番組編成では、高画質のハイビジョン番組を中心とする「BS」に対して、多チャンネルで専門性の高い番組を放送する「CS」という特徴があります。

また、従来は「BS」と「CS」では衛星の位置や種類が異なるので、それぞれ別のパラボラアンテナやチューナーが必要でした。

しかし、現在のCSデジタル放送の一つ「110度CS放送」に用いられる通信衛星「N-SAT-110」は放送衛星と同じ方角である東経110度に静止しています。

このため基本的には、BSデジタル放送と同じパラボラアンテナ（BS／110度CSデジタル対応アンテナ）1本で受信できるようになっています。チューナーも、最近では大半の地デジ対応テレビに、BS／110度CSデジタルチューナーが内蔵されています。

デジタルとアナログってどう違うの？

オーディオ、カメラ、テレビと、以前は「アナログ」しかなかったものが、どんどん「デジタル」に変わりつつあります。

「アナログ」とは、連続性のある情報のことです。

たとえば、太鼓を叩いたときの音（空気の振動）は連続的に変化しています。

この情報を電圧の変化に換え、カッターのようなものを振動させて溝として刻むのがアナログレコードの原理です。レコード針がこの溝をたどって振動した動きを電圧に換えて、スピーカーの振動板を振動させることで、最初の太鼓の音が再現されることになります。

対して、「デジタル」とは、数値化した情報。連続的な量を段階的に区切って数字であらわします。

太鼓の音を「デジタル」で記録する場合には、連続的に変化する情報を、非常に細かな時間ごとの状態に区切り、二進法（0と1の組み合わせ）で記録していきます。

ものごとを細かく細かく分割していけば、何でも数値化できるというのが、「デジタル」の根本的な思想なのです。ただし、細かさが足りなければ、もともとの情報の変化をうまくあらわすことはできません。

原理的に、「アナログ情報」は複製を重ねていくとどんどん情報が欠落して劣化していきますが、「デジタル情報」は0と1の数字からできていますから、まったく同じものが複製できることになります。

ＡＭとＦＭってどう違うの？

ラジオ放送の「ＡＭ」と「ＦＭ」とはどう違うのでしょうか。

そもそもラジオ放送は、電波の周波数で分類され、日本では、中波、短波、超短波が使われています。ＡＭ放送で使われるのが中波で、ＦＭ放送で使われるのが超短波です（短波は国際放送、広域国内ラジオ放送で使われます）。ちなみに、ＡＭとはamplitude modulation（振幅変調）の略、ＦＭはfrequency modulation（周波数変調）の略です。

「ＡＭ放送」は歴史も古く、もっとも一般的なラジオ放送ですが、音波を電波の強弱で伝えていく方式（振幅変調）なので、ノイズを受けやすく、「ＦＭ放送」に比べると低音質という特徴があります。番組としては、スポーツ中継、トーク番組、ニュース、交通情報などが中心です。

一方、つねに一定の強さの電波に音声を乗せていく方式（周波数変調）のため、「ＦＭ放送」はノイズに強く、「ＡＭ放送」に比べると高音質です。多重技術を利用した音声多重放送（ステレオ放送）が行われるため、かつてＦＭ放送局では音楽番組を中心とした編成を行っていました。ＦＭ局で放送される音楽をリスナーがラジカセなどに録音することをエアチェックと呼び、一時はＦＭ専門雑誌が人気になるなどブームになりました。

「ＦＭ放送」も近年は情報色が強まり、「ＡＭ放送」とあまり変わらない番組も増えています。また、地域に密着した情報を提供する出力の小さなコミュニティＦＭ局も増えてきました。

プラスチック袋とビニール袋ってどう違うの？

一般に、「プラスチック」というとなんだか堅いもの、「ビニール」は柔らかいものというイメージがあります。

しかし、英語ではレジ袋のようなものを「プラスチック・バッグ」と呼びます。そういえば、ゴミの分別のためのマークを見ると、いかにも「ビニール」のようなものに「プラ」などと書いてあります。これは「プラスチック製容器包装」のことです。

そもそも「プラスチック」とは、可塑性《かそせい》のある有機高分子物質のことを総称しています。ひらたくいえば「石油を原料とした化合物で、さまざまな形に成型できるもの」です。「プラスチック」がさすものの範囲は非常に広いのです。

では、「ビニール」とは何でしょう？　これは「ビニル基をもつ原料から合成される高分子樹脂・繊維の総称」です。

とくにポリ塩化ビニール（ＰＶＣ）がよく知られていて、電線の被膜や水道管、バケツ、ビニールハウスなどさまざまなところに使われていますが、これも「プラスチック」の一員なのです。

つまり、「ビニール」もポリエチレンも、広い意味での「プラスチック」に含まれることになるわけです。

冷蔵と冷凍ってどう違うの？

簡単にいえば、冷やすのが「冷蔵」、凍らせるのが「冷凍」ということになりますが、最近の冷蔵庫は細かく温度設定の区分けがされています。

たとえば冷蔵室は2～4℃、冷凍室はマイナス18℃、野菜室が4～5℃、チルド室が0～1℃、パーシャル室がマイナス1～マイナス3℃というような具合です。

このうち、チルド室は食品が凍るか凍らないかのぎりぎりの温度で、チーズや納豆などの発酵食品や乳製品を保存するためのもの。パーシャル室は完全には冷凍されない状態の温度で、肉や魚を短期間保存するためのものです。

厳密な定義としては、低温貯蔵（0～10℃）、冷蔵（0℃以下で凍結させない）、冷凍（マイナス15℃以下で凍結させる）に区分されます。

食品の低温輸送・流通を行う場合では、冷蔵が2～10℃、氷温冷蔵がマイナス2～2℃、冷凍がマイナス18℃以下を基準としています。

オーブンとレンジってどう違うの？

「オーブン」は箱形の調理器具で、内部に入れた食品を上下からの熱と内部にこもる食品から出る水蒸気で蒸し焼きにします。熱源は電気を使うものとガスを使うものの二つのタイプがあります。

家庭用の「オーブン」では、庫内の温度を最大250～300℃くらいまで高めることができます。

一方の「レンジ」（電子レンジ）は、電磁波（マイクロ波）を食品に照射し、食品内部の水分子とぶつかり合わせることで分子振動を起こし、発熱させる仕組みになっています。

短時間で加熱できるのが特徴ですが、最大でも100～130℃くらいまでしか高温にならず、焼き色もつけられません。おもに調理済み食品の温め直しや、野菜の下茹《したゆ》で、蒸し物などに使います。

また、「オーブン」では金属容器、耐熱タイプの陶器・ガラス皿などが使えますが、「電子レンジ」は金属容器が使えないほか、金メッキや金箔の入った陶器なども使用できません。火花が生じる可能性があるためです。ただし、短時間であれば耐熱タイプでない容器も使えます。

ちなみに、「オーブンレンジ」は、「電子レンジ」と「オーブン」の両方の機能をもつ複合機のこと。日本ではこのタイプが主流ですが、欧米ではガス台の下に「オーブン」が組み込まれているのが一般的で、「電子レンジ」はシンプルな単機能のものが普及しているようです。

ジューサーとミキサーってどう違うの？

「ジューサー」はしぼる調理器具、「ミキサー」は混ぜる調理器具です。

両方とも野菜ジュースや果物ジュースを作れますが、できあがったジュースはちょっと違ったものになります。それは作り方に違いがあるからです。

「ジューサー」は、材料を押し潰しながらしぼる（圧搾《あっさく》）、もしくは回転するおろし金に材料を押しつけてすり下ろし、しぼりかすを濾過した液体だけを抽出します。つまり透明で澄んだジュースができるのです。

「ミキサー」は、カップの底面についた刃が回転して、材料を高速で細かく粉砕します。水分が少ないとドロドロになってうまく攪拌《かくはん》されないことも多いため、回すときに水や牛乳などの液体を入れることになります。

「ジューサー」の場合、身体に栄養素が吸収されやすい状態の素材100%ジュースが作れますが、反面、しぼりかすなどのムダが出てきます。

「ミキサー」では、まるごと食物繊維まで含めた状態のジュースになりますが、飲みやすくするためにも水分を加える必要があり、素材100%ジュースというわけにはいきません。ただし、「ミキサー」なら、スープやドレッシングを作ることもできます。

リンスとコンディショナーとトリートメントってどう違うの?

シャンプーで髪を洗ったら、続いて何をしますか? 多くの人は「リンス」「コンディショナー」「トリートメント」などをつけてヘアケアを行うはずです。では、それぞれはどのようなものなのでしょうか。

メーカーによって多少違う部分もありますが、「コンディショナー」は髪を皮膜でコーティングすることでごわごわ感をなくして滑らかにするもの。

「トリートメント」は、髪が紫外線や外気から受けたダメージを補修し、髪の油分を保護するとともに、栄養分を与えて髪を内側から健康にしようとするものです。

また、「リンス」は和製英語で、もとは「すすぐ」という意味。基本的に英語でいう「コンディショナー」と変わらないとする見方がある一方、「コンディショナー」は「リンス」の表面保護効果に加えて、内部にしなやかさやコシを与える効果があるとして区別する見方もあります。

使用法としては、「トリートメント」はすぐに洗い流さずに、つけてから2~3分、蒸しタオルで頭を巻くなどしてよく浸透させてから洗い流すのが効果的です。

また、「コンディショナー」は髪の表面を保護するので、「トリートメント」より先にしてしまうと、トリートメント成分が髪の内部に浸透しにくくなります。

そこで使う順番としては、「シャンプー」→「トリートメント」→「コンディショナー（リンス）」と使うのが正解ということになります。

香水とオーデコロンってどう違うの？

「香水」をフランス語でいうと「オーデコロン」になると思っている人も多いかもしれませんが、正しい意味ではこの二つは明確に区別されています。

どこが違うのかというと、香り成分の濃度が違うのです。

化粧品業界では、香料濃度が高い順から、パルファン、オードパルファン、トワレ、オードトワレ、コロン、オーデコロンと分類しています。一般的には、これらすべてを総称して「香水」ともいいますが、厳密にいうと日本語の「香水」は、いちばん濃度の高いパルファンのことなのです。

「香水」（パルファン）の濃度は15〜20％、オードトワレが9〜15％、「オーデコロン」は2〜7％の濃度です。

濃度が異なれば持続時間も変わってきます。「香水」は1滴で7〜8時間、オードトワレはスプレー1〜2吹きで3〜4時間、「オーデコロン」は手のひらに取ってつけて1〜2時間持続するといわれています。

つけ方の鉄則として、「香水は点、トワレは線、コロンは面」などといわれるのも、これくらい濃度に差があるからなのです。

シャツとブラウスってどう違うの？

「シャツ」といえば、ワイシャツ、ポロシャツ、Tシャツなど。一方、「ブラウス」は、刺繍《ししゅう》のついた丸い襟《えり》の女性用シャツというイメージが強いかもしれません。

もともと、「シャツ」とは、上半身に着る肌着のことでした。その起源は、古代ローマで着用されていたワンピースのようなスタイルのチュニックに遡《さかのぼ》るとされています。

中世になって、ボタンや襟、袖口などが加えられ、ルネサンス期にはフリルやスリットなどの装飾が貴族たちの間で流行しました。

19世紀には簡素化が進み、今でいう「ワイシャツ」が誕生したのもその時期です。この頃は現在のような肌着はなく、「ワイシャツ」が下着代わりに着用されていました。

「ブラウス」には、「ゆったりした」という意味があります。もともとは、男女を問わず農民の間で着られていたともいわれていますが、19世紀末に社会進出を始めた女性たちの間で、刺繍やレースの装飾が施《ほどこ》されたハイネックで袖に膨らみのある「ブラウス」が流行して、一気に広がることになりました。

現在、薄手の布や編地でシャツ風にゆったりと仕立てた婦人・子ども用の上着のことをとくに「ブラウス」といいますが（一部に男性用の作業着、軍装時の上着のことをさします）、女性用に限っては、とくに「シャツ」と「ブラウス」の間に決定的な違いはないようです。

ハイオクとレギュラーってどう違うの？

高級なガソリンが「ハイオク」で、大衆的なガソリンが「レギュラー」なのでしょうか？　「ハイオク」は値段が高く、「レギュラー」が安いことはたしかです。外車などの高級車は「ハイオクガソリンを使用すること」と決められていることも多いようです。

「ハイオク」とは、「オクタン価」が高い（ハイ）という意味で、オクタン価とは、ガソリンのエンジン内での異常燃焼（ノッキング）の起こりにくさを示す数値です。なぜ外車は異常燃焼が起こりにくい「ハイオク」を使うのでしょうか。

エンジンは、混合気（ガソリンと空気）を圧縮したあと点火プラグで着火して爆発させることで車を動かしますが、プラグで火花を飛ばす前に混合気に火が点いてしまうことが異常燃焼です。

エンジンは圧縮を高めるほど馬力が出るので、外車などのエンジンは高圧縮に設定されています。そのため、高温による異常燃焼が起こりにくい「ハイオク」のガソリンを使わなければならないのです。もしハイオク仕様車にオクタン価の低い「レギュラーガソリン」を入れると、異常燃焼を頻繁に起こしてエンジンを傷めてしまいます。

オープン価格と希望小売価格ってどう違うの？

「オープン価格」は、オープンプライスともいいます。これは、メーカーが出荷価格だけを設定し、実際に販売される価格は卸売業者や小売業者に任せることをいいます。卸売業者や小売業者は自分たちの利益を考えて、値付けを行います。

しかしこれでは、メーカーのカタログなどを見ても、「オープン価格（オープンプライス)」と書かれているだけで、実際にいくらで売られているのかは、広告チラシを見たり、実際に店に行ったりしないとわからないので、ちょっと不便ですね。

従来は、メーカー主導で最終小売価格を決めることが主流でした。メーカーがこれくらいの価格で売ってほしいという価格の基準を定めたものが「希望小売価格」です(それ以前は「定価」とも言われていましたが、本来は、値上げや値引きが一切認められない書籍などに対して使われるのが定価なので、混同を避けるために希望小売価格という表現が使われるようになりました)。

しかし、ディスカウントストアなど安売り店の競争が激しくなるなかで、「希望小売価格」が有名無実化したり、短期間で変更されたりするなど、消費者が混乱するような事態が多く起こるようになりました。

その結果、公正取引委員会からの指導もあって、「オープン価格」の制度が導入されることになったのです。

路線価と公示価格ってどう違うの?

「路線価」は、相続税や贈与税の額を算出する基準とするために、国税庁が算定する土地の価格です。

具体的には、「宅地の価額がおおむね同一と認められる一連の宅地が面している路線ごとに付した一平方メートル当たりの標準価額」という算定のしかたで、市街地の道路に線をつけ、この道路沿いの土地の価格はいくらというように路線価図が作られています。

一方、「公示価格」は、適正な土地取引の指標とするために、土地鑑定委員会(国土交通省)が算定するものです。

「路線価」が道路という「線」を基準にしているのに対し、「公示価格」は標準地という「点」の価格を算定するという違いがあります。

つまり、「路線価」はその道路に面している優良な土地の標準的な価額であり、「公示価格」はその土地固有の条件（たとえば間口が狭いなど）を反映した価格になるのです。

ただし、「路線価」は、公示価格、売買実例価額、不動産鑑定士の鑑定評価額などをベースにして、「公示価格」のおおむね80％となるように算定されるため、「路線価」と「公示価格」が大きく矛盾することはないようになっています。

国民年金と厚生年金ってどう違うの？

日本の公的年金制度は2階建てになっていて、1階部分が「国民年金」で、2階部分が「厚生年金」（および「共済年金」）です。

1階の「国民年金」は年金制度の基礎部分にあたります。

日本国民は全員、20歳になったら「国民年金」に加入し、60歳まで保険料を納めつづけなければなりません。「国民年金」は、収入の有無に関係なく、原則として強制加入で、保険料は一律月に1万４９８０円（平成24年度）です。

「国民年金」の被保険者は三つに分類されています。

第1号被保険者は、20歳以上60歳未満の農業・漁業・商業・工業等の自営業者や自由業、学生など。第2号被保険者は、厚生年金保険の加入者や共済組合の組合員・加入者など。第3号被保険者は、第2号被保険者に扶養されている配偶者です。

「厚生年金」は、サラリーマンが加入する年金で、サラリーマンは「国民年金」の第2号被保険者に該当します（公務員などが加入するのが「共済年金」）。

サラリーマンは、「国民年金」（基礎年金）に上乗せして「厚生年金」に加入しているわけです。

「厚生年金」部分の保険料は、報酬に比例し、標準報酬月額の16・412％です（2011年9月分から12年8月分）。そのうち半分を企業（雇用主）が負担し、残り半分をサラリーマン自身が負担します（労使折半）。

老後に年金を受け取るときの名称は、「国民年金」が「老齢基礎年金」、「厚生年金」が「老齢厚生年金」です。

銀行と信用金庫と信用組合ってどう違うの？

銀行法では、銀行業の本来の業務に預金、貸出、為替の三つの業務をあげ、それに付随する業務として債務の保証、手形引き受け、有価証券投資などを掲げています。

言い換えれば、「銀行」とは、預金の受け入れ、資金の移動（決済）や貸出（融資）、手形・小切手の発行などを行う金融機関であり、株式会社組織の営利法人です。

これに対して、「信用金庫」は、会員と呼ばれる利用者の出資で成り立つ協同組織の非営利法人です。

「信用金庫」は、限られた地域で、お金を預金という形で集め、それを同じ地域内の中小企業や個人に融資し、地域社会の活性化をはかるという目的をもつ金融機関なのです。

「銀行」は民間の営利会社でありながら、金融の高い公共性を担う存在として銀行法などさまざまな法令の規制下に置かれますが、

「信用金庫」は、それ以上に公共性の高い金融機関といえます。

「信用組合」は、正式には信用協同組合といいます。「信用金庫」と同様に、非営利の協同組織金融機関の一つですが、組織形態はさらに小規模で、おもに小企業、零細企業や勤労者のために預金の受け入れや融資を行います。

利息と利子ってどう違うの？

「利息」も「利子」も本質的な意味は同じです。貸し借りした金銭などに対して、ある一定の割合（利率）で支払われる対価のことを「利息」といったり、「利子」といったりします。

では、どのように使い分けているかというと、一般的には、貸した場合に受け取るものを「利息」、借りた場合に払うものを「利子」と呼んでいます。

つまり、貯金をしたりお金を貸したりしてもらえるのが「利息」、借金を返すときに支払わなければならないのが「利子」ということになります。

また、同じお金でも、貸した側からすれば「利息」となり、返した側からすれば「利子」となるということもいえます。

このことからもわかるように、「利息」と「利子」の使い分けは厳密なものではありません。

銀行預金では預金についてくるものを「利息」と呼びますが、郵便貯金では「利子」と呼んでいます。また、法律用語としては通常、「利子」ではなく「利息」が用いられています（「利息制限法」など）。

預金と貯金ってどう違うの？

もともと、「預金」の「預」とは「あずける」という意味です。これに対して「貯金」の「貯」は「ためる」という意味。

銀行や郵便局などの金融機関にお金を預けるなら「預金」、自分で貯金箱などにお金を貯めるなら「貯金」となりそうですが、実際には金融機関にお金を預ける場合でも「貯金」が使われます。金融機関によって、呼び方が違うのです。

一般に、銀行、信用金庫、信用組合では「預金」、郵便局（ゆうちょ銀行）、農協、漁協などでは「貯金」といいます。内容はまったく同じです。利用者にとっては、お金を金融機関に一時的に預けるわけですし、それはまた貯めることが目的でもあったりするわけです。

ただし、言葉の使い方としては、「預金」するのは金融機関にほぼ限られるのに対し、「貯金」は貯金箱や封筒や机の引き出しなどでもできるということになります。

比喩的に、何かを蓄《たくわ》えておくという意味でも「貯金」という言葉は使われます。

ちなみに、「タンス貯金」よりも「タンス預金」のほうが広く使われているようです。これは、金融機関に「預ける」代わりに、という意味合いがこめられているからでしょう。

確定申告と年末調整ってどう違うの？

税金にはさまざまな種類がありますが、所得にかかってくる所得税については、毎年1月1日から12月31日までに得たすべての所得を計算し納税額を確定して、申告・納税しなければならないことになっています。

「確定申告」をしなければならないのは、まず、自営業などの個人事業主です。それから年金生活者。ちなみに、企業などの法人が決算を行って税務署に申告するのも「確定申告」といいます。

一般の会社員については、通常、会社が一人ひとりの所得税額を計算し、あらかじめ給料から概算で天引きするしくみになっています。ただし、年間では多少の誤差が生じますので、その精算を年間の所得が確定する年末に行います。この調整が「年末調整」なのです。

つまり会社員は、「年末調整」によって1年間の所得と税額が確定するので、基本的には「確定申告」は行わないわけです。

といっても、会社員でも「年末調整」だけではカバーできないため、「確定申告」を行わなければならないケースもあります。

まず、なんともうらやましいケースですが、給与の収入金額が2000万円を超える人です。

それから、不動産収入や配当収入、年金収入など副収入があり、その所得が20万円を超える場合、二つ以上の会社から給与を受けている場合なども「確定申告」が必要です。追加で税金を納める必要が出てくるかもしれません。

このような場合は、会社員であっても「確定申告」を行わなければならないのです。

「確定申告」で、納めすぎた税金が戻ってくるケースもあります（還付申告といいます）。医療費控除・雑損控除などを受ける場合、住宅ローン控除を初めて受ける場合などです。

金利と利回りってどう違うの?

銀行などに預金をするときには「金利」が気になります。一方、新聞の折込み広告などで「マンションに投資しませんか。利回り5%」などと書かれてあるのを目にします。この「利回り」って何でしょう。

たとえば100万円を銀行に預けて1年間で2万円の利息がついたとします。この場合の「金利」は2%です。

つまり、「金利」とは、1年あたりの利息額の元本に対する割合のことになります。1年あたりの利息額を元本で割って、100を掛ければ「金利」が求められます。通常、利率○%と表示されています。

一方、「利回り」とは、一定の期間に受け取った利息(収益)を1年あたりの利息に換算し、それが当初の元本に対して何%になるのかという収益率をあらわしたものです。正確には「年平均利回り」といいます。

たとえば100万円を投資して10年で倍になったとしたら、収益総額は100万円なので1年あたりでは10万円。これは元本100万円の10%にあたりますから、年平均利回りは10%となるわけです。

一般に「利回り」は、株式や債券、あるいは不動産投資などのように元本が変動する金融商品の場合に用いられます。元本が変動したあとの価格に配当金や利息を加えた金額が、元本からどのくらい増加(減少)したのかという割合を見るものなのです。

遺言状と遺書ってどう違うの?

「遺言状」とは、正しくは、財産分与や相続など死後の法律関係について本人が意思表示した法的文書のことをいいます。

一般には「ゆいごん」といいますが、法律用語としては「いごん」と読みます。法的に効力を生じさせるためには、「遺言状」として民法に定める方式に則《のっと》っていなければなりません。

一方、「遺書」とは、一般的により広い意味をもち、自身の死を前提にして、遺された人々などに伝えたいメッセージが記されたものをいうことが多いようです。

つまり、「遺言状」も「遺書」に含まれるともいえますし、実際にはほぼ同じ意味で使われることも少なくありません。ただし、法的な条件を満たさずに自由に書かれた「遺書」には、法的な効力はありません。

法的に有効となる「遺言状」にはいくつか種類がありますが、それぞれ厳格な規定があります。

たとえば、全文が遺言者の自筆で記述され、日付と氏名の自署があり、押印《おういん》してあることが条件となる「自筆証書遺言」のほか、遺言内容を公証人に伝え、公証人が証書を作成する「公正証書遺言」では、証人が2名必要とされます。

また、自筆で公証人の立会いがない「遺言状」の場合には、家庭裁判所で開封を行った場合に法的な効力を発揮します。勝手に開封してしまうと、その時点で法的な効力が消滅してしまうのです。

結婚式と披露宴ってどう違うの？

ひとことでいえば、「結婚式」はセレモニー（儀式）で、「披露宴」はパーティー（宴会）ということになるでしょうか。「結婚式」と「披露宴」をトータルで「結婚式」と呼ぶこともあります。

「結婚式」は二人とその親族を結びつける儀式です。代表的なスタイルとしては、まずキリスト教式結婚式があります。キリスト教会や聖堂、もしくは教会風の施設で、牧師または神父のもとで賛美歌、聖書朗読、誓いの言葉、指輪の交換、祈禱などが行われます。

神前結婚式は明治時代に形式が定まった神道式の結婚式です。神主のもとで、祝詞《のりと》の奏上、三々九度の杯、誓いの言葉の儀式などが行われます。

また、宗教色を排した人前式《じんぜんしき》と呼ばれる形式もあります。神仏に結婚を誓うのではなく、両親や親族、親しい友人などの前で結婚を誓います。結婚の承認を行うのが立会人です。

多くの場合、以上のような儀式を終えたあと、ホテルや結婚式場、レストランに移動して、「披露宴」が開かれます。式の出席者数よりも披露宴の招待客のほうが多いのがふつうです。披露という名前の通り、結婚を広く知らせて皆で祝う宴会です。

一般的な「披露宴」では、媒酌人（仲人）による新郎新婦の紹介、主賓の祝辞、乾杯、ウェディングケーキ入刀、お色直し、キャンドルサービス、余興、両親への花束贈呈、両家の代表による謝辞などが、会食とともに進められます。

葬儀と**告別式**ってどう違うの？

本来、「葬儀」と「告別式」は別々に行われる儀式でした。最近は二つを一体のものとして執《と》り行うことが多いため、「葬儀」と「告別式」の区別はあまり意識されず、一般には呼び方が違うだけで同じものだと思われていることが多いようです。

厳密には、「葬儀」とは、亡くなった人の冥福を、遺族や親族、故人と親しかった友人・知人が祈る儀式のことです。

これに対して、「告別式」は故人とゆかりのある人が焼香や献花で最後のお別れをする儀式。

簡単にいえば、「葬儀」は近親者が死者をあの世へ送るための宗教色の強い儀式、「告別式」は一般会葬者が集《つど》ってお別れをする儀式となります。

今でも会社が主催する社葬の場合には、「葬儀」と「告別式」とを分けて行い（「葬儀」に続いて「告別式」が行われます）、死亡広告など一般への案内では「告別式」の開始時刻のみが案内されることが多いようです。

話し言葉では「お葬式」が多く使われますが、葬式は「葬儀」と同じ意味です（実態として「告別式」を含めた儀式全体をさすことが多くなります）。

なお、「葬儀」の前夜に行われる「お通夜」は通常「お葬式」には含まれません。本来は、遺族や近親者が別れを惜しむものですが、最近は「葬儀」「告別式」の代わりにお通夜に参列するケースも増えてきました。

しゅうととしゅうとめってどう違うの？

「しゅうと、こじゅうとの嫁いびり」なんて言い方がありますが、この「しゅうと」「こじゅうと」って誰のこと？

一般に「しゅうと（舅）」は配偶者の父、「しゅうとめ（姑）」は配偶者の母のことですが、「姑」は「しゅうと」と読むことがあります。配偶者の母のことを「しゅうと」と呼んでも間違いではないのです。

つまり、「しゅうと」という場合には、配偶者の父と母の両方をさす場合があるわけです。

こじゅうとは「小舅」と書くときは配偶者の兄弟のこと。こじゅうとめ（小姑）は配偶者の姉妹のことですが、小姑のことも同様に「こじゅうと」と言う場合があります。

つまり、「しゅうと、こじゅうと」と言うときは、多くの場合、「姑、小姑」の意味で、嫁の立場から夫の母親と夫の姉妹をさしています。

ことわざに「小姑《こじゅうと》は鬼千匹」（嫁にとって小姑は鬼千匹にもあたるほど恐ろしく、苦労の種だ）とあるように、同居しているしゅうと（姑）とこじゅうと（小姑）との付き合いは何かと難しいことが多いというわけです。

幼稚園と保育園ってどう違うの？

「幼稚園」と「保育園」の違いとしてよく知られているのは、所管する官庁の違い。「幼稚園」が文部科学省で、「保育園」が厚生労働省の所管ですが、それ以外の違いは？

じつは先生の資格も違います。「幼稚園」は幼児のための学校。義務教育ではありませんが、学校教育法で定められた学校ですから、先生も幼稚園教諭となります。

一方、「保育園」は、子どもを預かって保育する児童福祉施設です。正式には保育所といい、児童福祉法に基づいて地方自治体が認可した認可保育所と、認可を受けていない無認可保育所があります。先生は保育士（保母・保父）です。

ほかの大きな違いは、対象年齢が「幼稚園」は3歳からなのに対し、「保育園」は0歳から預けることができる、「幼稚園」は夏休み・冬休み・春休みがあるのに対し、「保育園」は原則として日曜・祝日・年末年始以外の休みがないなど。

蛇足ですが、あの有名な「慶應幼稚舎」のことを「幼稚園」だと思っている人がいますが、小学校です。正式には慶應義塾幼稚舎といい、各学年にK組、E組、I組、O組の4クラスがあるそうです。

美容院と床屋ってどう違うの？

女性が行くのが「美容院」で、男性が行くのが「床屋」？ 上向きでシャンプーするのが「美容院」で、下向きにシャンプーするのが「床屋」？ 顔を剃《そ》らないのが「美容院」で、顔を剃るのが「床屋」？

なんとなくそんな区別があるようですが、必ずしもそうではありません。男性も「美容院」に行きますし、上向きにシャンプーする「床屋」もあります。女性客の顔を剃る「美容院」もあります。

では、どこが違うのでしょうか？ じつは、美容師法と理容師法という法律が二つを区別しているのです（「床屋」は理髪店、理容室のこと。江戸時代の髪結《かみゆ》い床《どこ》が床屋の語源です）。

法律によると、美容とは「パーマネントウエーブ、結髪、化粧等の方法により、容姿を美しくすること」、理容は「頭髪の刈込、顔そり等の方法により、容姿を整えること」。また、一つの店舗で、美容業と理容業を同時に営むことはできないとされています。

美容院で働く人は美容師、床屋で働く人は

理容師。いずれも免許の取得が必要で、養成施設に2年以上通って国家試験に合格しなければなりません。

原則的に「美容院」での顔剃りは許可されておらず、美容師は顔剃りの技術を学ぶ機会がありませんが、女性客に対しては「化粧に附随した軽い顔剃りは行っても差し支えない」とされています。

今では両者の垣根《かきね》はどんどんなくなりつつあるようです。

マンションとアパートってどう違うの?

分譲があるのが「マンション」で、賃貸専用が「アパート」? じつは、二つの呼び方にそういうはっきりした基準はありません。

「マンション」と「アパート」は、建築基準法の上ではどちらも共同住宅であり、区別する基準はまったくありません。「○○マンション」「××アパート」などと名付けることを含めて、どう呼ぶかはオーナーの自由なのです。

といっても、不動産業者はだいたいの目安を決めてどちらかを表示しています。

「マンション」といわれるのは、おもに鉄骨、鉄筋コンクリート、鉄骨鉄筋コンクリート造りの建物で、おおむね3階建て以上。つまり、耐火・中高層物件です。

「アパート」は、おもに木造や軽量鉄骨造りの建物で、おおむね2階建てまでです。こちらは準耐火・低層物件。「コーポ」や「ハイツ」という名称はほとんどアパートにつけられます。

ちなみに、英語で「マンション (mansion)」というと、豪邸、大邸宅をさします。日本の「マンション」にあたる英語表現は「アパートメント・ビルディング（ハウス）」。これが集合住宅の総称です。高級マンションであっても「アパートメント（apartment）」といいます。

ベランダとバルコニーってどう違うの？

不動産のチラシを見ると、ある家には「ベランダ」があり、ある家には「バルコニー」があります。「バルコニー」のある家のほうが高級なのでしょうか？

実際は、これらはあまり区別せずに使われていて、最近では「ベランダ」よりも高級感のある「バルコニー」と呼ばれることが多くなっています。また、比較的広いものを「バルコニー」といったりします。

本来は、「ベランダ」は、外に張り出した屋根のあるスペースのこと。「バルコニー」は室外に張り出した屋根のない手すり付きのスペースのことをいいます。簡単にいえば、屋根のあるのが「ベランダ」、屋根のないのが「バルコニー」です。

「ベランダ」は、屋根のある縁側・廊下・回廊という意味合いですが、1階の「ベランダ」は、通常「テラス」と呼ばれます（この場合、屋根がなくてもテラスと呼んだりします）。

「バルコニー」は本来、突き出した「円座」のことですが、現在では形にはとらわれません。また、階段状のマンションで、下の階の屋根部分を床に利用した「バルコニー」はルーフバルコニーと呼ばれています。

旅館とホテルってどう違うの？

和風が「旅館」、洋風が「ホテル」。簡単にいえばそうなりますが、旅館業法という法律では「旅館」と「ホテル」が施設の基準によって区別されています。

この法律によると、「旅館」は和式の構造、設備を主とする施設を設け、床面積が7平方メートル以上の客室が5室以上あるもの。「ホテル」は洋式の構造、設備を主とする施設を設け、床面積が9平方メートル以上の客室が10室以上あるものとされています。さらに「ホテル」は洋式トイレの設置が義務づけられています。

畳敷きの和室に布団、カーペット敷きの洋室にベッドという違いのほか、建物内の共有空間の考え方も「旅館」と「ホテル」では違います。

「旅館」では建物内を浴衣《ゆかた》姿で歩いても問題ないのがふつうですが、「ホテル」では浴衣姿、スリッパで廊下やロビーに出るのはマナー違反です。

また、「旅館」では仲居さんが食事の支度や布団の上げ下ろしのために客間に出入りしますが、「ホテル」の客室には呼ばない限りスタッフは入室しません。

宿泊料の考え方も違います。一般的に、「旅館」は1泊2食付きの1人料金で計算されますが、「ホテル」は室料（ルームチャージ）が基本となります。

神社とお寺ってどう違うの？

簡単にいえば、「神社」は神道の神様を祀《まつ》る場所、「お寺」は仏教の僧の居場所。鳥居のあるのが「神社」で、お墓のあるところが「お寺」。初詣《はつもうで》に行くのが「神社」で、お彼岸に行くのが「お寺」といってもいいでしょう。

今日、「お寺」はそこに居住する僧侶の仏道の修行場や儀式場として用いられています。

「神社」は、元来はその神社の場所に宿る神を祀る祭祀《さいし》施設。神社のなかでも、規模の大きい神社は大社や神宮と呼ばれています。

神道は、日本古来の伝統的な民俗信仰や自然信仰を基盤として起こった宗教で、森羅万象に神が宿るとし、天《あま》つ神・国つ神や祖霊を祀ります。

一方、仏教は6世紀に朝鮮半島の百済《くだら》から伝来し、推古天皇の時代に仏教興隆の詔《みことのり》が出され、各地で寺院建設が始まりました。

やがて仏教は奈良、平安、鎌倉と時代を経《へ》るにつれて興隆し、民衆の間にも浸透していきます。その過程で、古来の神道と仏教が共存し、混ざり合うような動きもみられるようになります。

その一つが、神は仏の仮の姿であるとする「神仏習合思想」で、寺院の中で仏の仮の姿である神（権現《ごんげん》）を祀る「神社」が営まれるようになったり、大きな「神社」に付属して神宮寺という「お寺」が建てられたりしました（明治時代の廃仏毀釈《はいぶつきしゃく》によって、神宮寺のほとんどが廃寺となったり神社に転向したりしました）。

「神社」と「お寺」の違いも、複雑で微妙な部分があるのです。

マナーとエチケットってどう違うの？

国語辞典によると「マナー」の意味は「態度。礼儀。礼儀作法」とされ、「テーブルマナー」などが用例として挙げられています。

一方、「エチケット」を引くと「礼儀作法。社交上のマナー」。

どちらも礼儀、作法、行儀という意味で、明確な違いはなさそうですが、実際にはなんとなくニュアンスが違うように思えます。

もともと「マナー」は英語で、ラテン語の「手の」を意味する言葉が語源となっています。つまり、手の使い方から始まって、ある場所や場面において決まった立ち振る舞いなどもあらわすようになって意味が広がっていった言葉なのです。

「エチケット」はフランス語です。もともとは「荷札」などの意味で、宮廷に招かれた者の行動を指示した通用札のこともさしていました。これが転じて、宮廷儀礼の意味となったのです。

一般に、日本ではテーブルマナーというと食事中のナイフやフォークの使い方などのことをいい、食事中のエチケットというと汚い話をしないとか、げっぷをしないといったことをさすことが多いようです。

つまり、「マナー」は「方法」、「エチケット」とは「気配り」の意味合いが強くなりますが、いずれも相手を思いやる作法ということではほとんど同じといえるかもしれません。

この二つは明確に区別すべきだという人もいますが、その定義は人によってさまざまで、これといった定説はないようです。

太陽暦と太陰暦ってどう違うの?

ひとことでいえば、「太陽暦」は太陽を基準とした暦《こよみ》で、「太陰暦」は月を基準とした暦です。

「太陽暦」は古くは古代エジプトやローマ帝国などで使われていました。現在、日本をはじめ世界各国の多くで使われているのは、

「太陽暦」のなかのグレゴリオ暦と呼ばれる暦です。

日本では1872（明治5）年に採用され、明治5年12月3日を1873（明治6）年1月1日としました。

厳密にいうと、地球は太陽を1年ピッタリで1周するわけではありません。地球が太陽を1周するのに要する日数は、実際には365・2422日。日数では端数が生じるため、暦上の1年と実際の季節の移り変わりの一巡との関係にずれが生まれてしまいます。

グレゴリオ暦では、1年を365日として数え、実際の太陽の運行の余りとなる0・2422日分の誤差を補正するために、4で割り切れる年を1年366日の閏年《うるうどし》、100で割り切れる年は1年365日の平年、ただし400で割り切れる年は閏年とするという仕組みになっています。

一方、観測のしやすい月の満ち欠けを基準とした「太陰暦」も、多くの古代文明で使われていました。月の形が変わる一巡を29日か30日の1ヵ月とし（実際には29・53日）、12ヵ月の354日で1年とするのが「太陰暦」です。

しかし、このままでは毎年11日ほど短く、実際の季節とずれていきます（イスラム暦がこのタイプです）。

これを補正するために19年間に7回、1年が13ヵ月になる閏年をつくるのが太陰太陽暦です（太陽の運行とも同期を取るため）。日本の旧暦はこれにあたります。

新盆と旧盆ってどう違うの？

お盆は、先祖の霊があの世から現世に戻り、再びあの世に帰っていく日本古来の信仰と仏教が結びついてできた先祖供養の行事です。

本来、お盆は7月15日を中心とした13日から15日の時期に行われるものでした。ところが、明治時代になり、それまでの旧暦が太陽暦の新暦に変わったことで、お盆の行われる時期が二つに分かれるようになりました。

一つは、カレンダーの日付どおりに新暦の7月に行うお盆。そして、旧来と同じ時期・季節である新暦の8月（旧暦の7月にあたる）に行うお盆です。

このうち、新しく7月に行われるようになったお盆のことを「新盆」といい、以前と同じ時期に行われる8月のお盆が「旧盆」といわれるようになりました。

お盆の行事は、全国的には「旧盆」に行われますが、東京や神奈川などの関東地方、北海道の一部などでは「新盆」に行われるケースが多いようです。

ただし、厳密には、旧暦の7月13～15日は、新暦の8月13～15日に一致するわけではありません（8月末から9月初めにかけて変動します）。

そこで、正確に旧暦の7月13～15日に行うものを「旧盆」と呼び、7月のお盆をちょうどひと月遅らせて8月に行うものを「月遅れの盆」と呼ぶこともあります。沖縄では旧暦の7月13～15日に行うため、お盆の日程は毎年変わり、9月にずれ込むこともあります。

ところで、「新盆」と書いて「にいぼん」「あらぼん」と読むと、また意味が変わってきます。これは、前年に亡くなり、その年のお盆以降に四十九日の法要を行った人を初めて迎えるお盆のことです（初盆ともいいます）。

殺菌と除菌ってどう違うの？

漢字のイメージからは「殺す」ほうが「除く」よりも強力そうな感じですが、実際には、そういうわけでもありません。

まず、「殺菌」とは、細菌やウイルスなどの微生物を死滅させることをいいます。「殺菌」の方法には、電磁波や温度、圧力、薬理作用などによって細菌・ウイルスの組織を破壊するか、生存不能な環境をつくることなどが挙げられます。

しかし、「殺菌」には殺す対象や程度は含まれません。つまり、すべての細菌を死滅させなくても、「殺菌」したといえるわけです。「除菌」についても同じです。菌を除いて減らすという意味ですが、こちらも対象や程度は含みません。

ただし、「殺菌」は薬事法の効能効果として使われる言葉であるため、医薬品・医薬部外品として認められたもの以外は使えないことになっています。

そのため、それ以外の商品は、似たような効果であっても「殺菌」と表現できずに、「除菌」と表現しているわけです。

ちなみに、「抗菌」については、経済産業省のガイドラインで「当該製品の表面における細菌の増殖を抑制すること」と定義されています。これにはカビなどの真菌類は含まれません。

菌を殺す概念でもっとも強力なのは、「滅菌」です。これはすべての微生物が存在しない無菌性を達成するためのプロセスとされます。分子生物学やバイオテクノロジー分野での「滅菌」は、ＤＮＡなどの分子構造まで破壊し尽くすことが要求されるそうです。

第3章

常識編　知ってるつもりで知らないことばかり

近畿と関西ってどう違うの？

「近畿」という名前の由来は古代中国までさかのぼります。

古代の中国では、王や皇帝の居城周辺に「畿内《きない》」と呼ばれる特別の行政地域を設定していました。

古代の日本でもこの制度にならって、大和《やまと》（奈良県）、河内《かわち》（大阪府）、摂津《せっつ》（大阪府・兵庫県）、山城《やましろ》（京都府）の4ヵ国を「四畿内」としました（757年に河内国から分離して和泉《いずみ》国が設置されてからは「五畿内」）。

歴代の皇居のほとんどがこの地域に置かれました。「畿内」は、当時の政治・経済・文化の中心地域であり、今でいう「首都圏」にあたったのです。

「近畿」は「近畿地方」の略で、「畿内」とその周辺をさします。「近畿」にどの府県を含めるかはさまざまで、京都・大阪・滋賀・兵庫・奈良・和歌山・三重の2府5県をさすことが多く、このほかに三重を除く2府4県としたり、2府5県に福井や徳島を含めたりする場合もあります。

官公庁の扱いでも「近畿地方」に含める県はまちまちです。

この「近畿」と似た意味で「関西」という言い方があります。これは、江戸時代に関東以東の人が「関所の西の国」という意味で使い始めた言葉で、関所とは、箱根《はこね》の関（東海道）、碓氷《うすい》の関（中山道）、小仏《こぼとけ》の関（甲州街道）の三つをさします。

「近畿」とほぼ同じ意味で用いられ、京都・大阪・滋賀・兵庫・奈良・和歌山の2府4県をさす場合もあれば、これに福井・三重・徳島を含めたり、さらに兵庫・徳島より以西の広い地域をさすなど、どの県を含むかは近畿同様に曖昧です。

「近畿」と「関西」の使い分けは、行政機関では「近畿」、新聞やTVでは「関西」を使うことが多いようです。

砂漠と砂丘ってどう違うの？

「砂漠」というと、中東や北アフリカなど遠い異国の地にあるイメージですが、広大な砂地が広がる場所なら日本にもいくつかあります。しかし、これらは「砂丘」と呼ばれます。

じつは「砂漠」と「砂丘」はまったく異なるもので、国内の砂丘は砂漠とは呼べません。

「砂丘」とは、風によって運ばれた砂が堆積してできた丘状の地形をあらわす言葉。

日本で一番有名な「鳥取砂丘」の場合、千代川によって中国山脈から日本海まで運ばれた土砂が、長い年月をかけて砂となり、風で鳥取県東部沿岸に吹き上げられて堆積してできた地形です。

一方の「砂漠」は、降水量が極端に少なく、植物があまり生えていない乾燥した土地のこと。

つまり、「砂丘」は地形、「砂漠」は気候を含む土地や場所をさし、両者はまったく異なるものなのです。湿潤な日本には地形としての砂丘は存在しても、砂漠はないということになるわけです。

なお、「砂漠」という言葉からは見渡す限りの砂地の情景が想像されますが、実際は岩石や礫《れき》（小さい石）からなる砂漠も珍しくありません。

日本の「砂丘」には、鳥取砂丘のほか、庄

内砂丘（山形県）、九十九里浜《くじゅうくりはま》（千葉県）、内砂丘（石川県）などがあります。

鳥取砂丘は日本最大級の「砂丘」として有名ですが、じつは内陸部にある「砂丘」を含めると猿ヶ森砂丘（青森県）が最大の面積をもっています。ただし、防衛省の施設（弾道試験場）があるため、一般人の立ち入りは制限されています。

山と丘ってどう違うの？

「日本一高い山」が富士山（3776m）であることは誰もが知っていますが、「日本一低い山」がどこか答えられる人は少ないかもしれません。

日本一低い山は大阪市にある「天保山《てんぽうざん》」です。人工の山ではありますが、国土地理院（日本の測量行政を担う機関）が発行する日本の地形図に載る「山」として最も低く、標高は4・53mしかありません。ちなみに、最も低い自然の山は弁天山《べんてんやま》（徳島市）で6・1m。

一般的に、周囲よりも高く盛り上がった地形や場所をさして「山」といいます。似た呼び方に「丘」があります。

「丘」は比較的、小規模な山状の地形をさして使われますが、天保山くらいの高さでも「山」だとすれば、「山」と「丘」の違いは何なのでしょうか。

じつは両者の区別は明確ではありません。そもそも「山」や「丘」とはどういうものかという正式な定義はなく、国土地理院でも二つをとくに認定することはしていません。

基本的に地域の住民が「山」と呼び習わしていれば、それは「山」であり、「丘」と呼び習わしていれば「丘」であるわけです。

ただ一般的に「丘」といった場合は、小高くなった土地で、「山」よりも低く傾斜もなだらかなものをさすことが多いでしょう。

港と波止場ってどう違うの？

海が陸地に入り込んでいる場所を利用した所であり、防波堤などを築いて外海の荒い波を防いで船舶が安全に停泊できるように整備した所が「港」です。

「波止場《はとば》」は、波止のある区域をさします。波止とは、海岸から沖に向けて突き出させてある構造物。石でできていて、波やうねりなどを防いだり、荷物の積み降ろしをしたりするために使われます。

つまり「波止場」は、船をつけ、乗客の乗り降りや貨物の積み降ろしをする場所のことをいうのです。少しかしこまっていうと「埠《ふ》頭《とう》」になります。

日本のシャンソン歌手第1号淡谷のり子の大ヒット曲『別れのブルース』の歌詞の中にあるように、「港」の中に「波止場」はあります。

さらに「港」は、水陸交通のつなぎ目となる役割をもつ場所をさし、物流・旅客輸送が円滑に実施されるための各種の港湾施設が整備され、港湾委員会や地方自治体などの組織によって管理・運営されています。

ちなみに、演歌が似合うのは「港」。あなたにあげた夜をかえしてと海に涙の愚痴をこぼしたり、あぶったイカを肴《さかな》に無口な女とぼんやり灯ったあかりでしみじみ飲む店の窓から見えたりするのは「港」です。

キャバレーとクラブってどう違うの？

「キャバレー」とは、本来は舞台で演じられる寸劇や歌、ダンスを楽しみながら、飲んだり食べたりできる酒場です。

19世紀末にパリに登場し、ヨーロッパ中に広まりました。フランスの画家ロートレックが描いたポスターで有名な「ムーラン・ルージュ」は、いわゆる高級キャバレー。フレンチカンカン発祥の店としても知られています。

日本でも、昭和初期に流行しました。昭和30年代の前半頃までは、バンドが演奏できるステージがあり、数十人の客がダンスできるホールがある店を「キャバレー」と定義していたようです。

しかし、現在では日本で「キャバレー」というと、ホステスのサービスで飲食をする酒場のこと。ショーを行うステージやダンスフロアがあるところもありますが、お色気サービスが中心です。料金は時間制で〝明朗会計〟。

これに対して「クラブ」は、会員制を建前とするバーや娯楽場のこと。ナイトクラブなんて言い方もありますね。「キャバレー」と比べて、落ち着いた雰囲気で楽しめる大人の空間といったところでしょうか。料金は時間制というわけにはいきません。

ちなみに男子が大好きなキャバクラは「キャバレークラブ」の略。クラブ並み（以上？）のサービスでキャバレー同様〝明朗会計〟。気軽に遊べる大人の社交場ってやつですね。

ディスコとクラブってどう違うの？

フランス語で円盤をさすディスクが語源と言われる「ディスコ」は、第二次世界大戦中、ナチス占領下のパリで誕生しました。生バンドでの演奏が困難になったナイトクラブのかわりに、地下倉庫でレコードをかけて踊ったのが始まりだそうです。以来、レコードやCDをかけ、客を踊らせる飲食店を「ディスコ」と呼びます。

もっとも、「ディスコ」が本格的に発展したのはアメリカ。世界的な広がりのきっかけとなったのは、１９７８年公開の映画、『サタデー・ナイト・フィーバー』でした。日本でも大ヒットし、「ディスコでフィーバー」が若者の夜遊びの定番となりました。

80年代には、バブル景気の隆盛とともに「高級ディスコ」ブームがやってきます。黒服に身を包んだ従業員にドレスコードをチェックさせ、ＶＩＰルームといった特別な空間をつくって遊びの場を演出。91年オープンのジュリアナ東京では、お立ち台で踊る女性たちが話題になりました。

しかし、バブル崩壊とともに大型の「ディスコ」に代わり小規模な「クラブ」（平坦な発音）が登場。ナンパの場としての側面をもつ「ディスコ」に対し、「クラブ」はＤＪと客がつくりだす雰囲気を大事にするという違いがあるとか。

今や「ディスコ」はほとんど死語。踊れる店は「クラブ」。それも平坦な発音の。くれぐれも「デスコ」なんて言わないように……。

ハーモニーとユニゾンってどう違うの？

ゆずの歌には「ハーモニー」があって、SMAPの歌い方は「ユニゾン」——この意味わかりますか？

音楽の3要素はメロディ、リズム、ハーモニー。このうちの「ハーモニー」とは調和のことで、高さの異なる二つ以上の音が同時に鳴ることによって生じる、なんとも心地よい響きです。メロディ（旋律）が二つ以上同時に流れていくときの調和が「ハーモニー」です。

「ユニゾン」は、同じ高さの音が二つ以上存在していることをさします。ピアノとフルートで同じ一つのメロディを奏《かな》でるのは「ユニゾン」です。皆で同じメロディを歌うのも「ユニゾン」。「ユニゾン」は同じ音を複数で歌ったり奏でたりということですが、同じ音のオクターブ違いであればこれも「ユニゾン」ということになります。

「ユニゾン」を日本語に訳せば、斉唱、斉奏です。「国歌斉唱」と言われて歌う場合には、男女がオクターブ違いで「ユニゾン」しているわけですね。

ちなみに、合唱はコーラス。バス、バリトン、アルト、ソプラノなど、いくつかのパートに分かれた異なる声部を、複数の歌い手が受けもつ歌唱形式です。合奏はアンサンブル。1人で歌うのはソロで、各声部をそれぞれ1人の歌手が歌うのは重唱です。

ダンスとバレエってどう違うの？

「ダンス」は、音楽に合わせて踊ること（ときには音楽なしで、ということもありますが)。

「バレエ」は、「ダンス」のジャンルの一つです。

社交ダンスや日本舞踊、フラメンコ、タンゴと、「ダンス」の種類は数多くありますが、「バレエ」が特徴的なのは、歌詞や台詞《セリフ》のない舞台舞踊であることです。

もとはオペラの一部として発達したため、「バレエ」はオーケストラボックスで奏でられる音楽伴奏がつき、舞台装置もオペラ並み。「バレエ」の伴奏として作曲されたクラシック音楽も数多くあります。

チャイコフスキーの「白鳥の湖」「眠れる森の美女」「くるみ割り人形」は三大バレエとして有名ですが、ショパン、サン・サーンス、ドビュッシーなどなど、多くの作曲家が「バレエ」のための作品を手がけています。

「バレエ」はまず、股関節が180度開かなければどんなポーズもまともにとることはできません。その意味で、「ダンス」のなかで最も踊る人を選びます。子ども、それも小学校低学年のころから始めなければ、プロのバレエダンサーにはなれないと言われています。

ディレクターとプロデューサーってどう違うの?

映画やテレビ番組の制作スタッフの肩書きを言うときに、「ディレクター」や「プロデューサー」という名前が使われるのをよく聞きます。最近は、名刺の肩書きを英語表記するところが多くなったので、映像関係の会社以外でも使われているようです。

一般の企業だと、「ディレクター」は管理職をさします。部長や取締役といった立場の人がこれ。映画の監督や演劇の演出者も「ディレクター」です。ディレクト（direct）は、道を教える、指揮する、指導するといった意味ですから、その派生語「ディレクター」が部長や監督となるのは当然ですね。

「プロデューサー」は、制作責任者。映画・演劇・放送などの現場では、作品の企画から完成までの一切を統括します。予算調達やその管理、スタッフの人事など制作に関するすべてを仕切らなければなりません。

「プロデューサー」は、「ディレクター」よりも広い範囲で権限をもち、最終的には作品の商業的な成否にも責任をもたねばなりません。お金を管理しているわけですから、「ディレクター」より権限が大きいわけです。

スタジオジブリの宮崎駿監督と鈴木敏夫プロデューサーの関係のように、作品を創り上げるのは監督、いい作品を創ることができるようにもろもろの手配をするのが「プロデューサー」です。

トラックとダンプカーってどう違うの？

「トラック」とは、貨物を運搬するための自動車。「ダンプカー」も貨物を運搬するので、「トラック」の一種ですが、構造に特色があります。

「ダンプカー」は、荷台を傾けて積荷を一度に降ろすための機械装置をつけた「トラック」です。おもに土や砂、産業廃棄物などを運びます。

「トラック」（truck）は英語ですが、「ダンプカー」（dump＋car）は和製英語。dumpは「どさっと捨てる」という意味で、荷台を傾けて荷物をどさっとおろすことから名づけられたそうです。英語では、ダンプトラック（dump truck）といいます。

では、「トラック」には、ほかにどういった種類があるかご存じですか。

冷凍車、冷蔵車、保冷車などのほか、液体や気体を輸送するためのタンクを備えたタンクローリー、生コンクリートを攪拌しながら運ぶトラックミキサー、もっぱら牽引されるためのトレーラーなどがあります。

映画『バック・トゥ・ザ・フューチャー』で主人公マーティが憧れ、『マディソン郡の橋』で切ない恋の担い手となるカメラマンが使うピックアップトラックは、乗用車の後部座席より後ろの部分をそのまま荷台に置き換えたもの。

ピックアップトラックは、アメリカでは商用というよりむしろ、通勤・通学用、レジャー用、家庭用として人気です。

座席を折りたたんで荷物のスペースを拡大できる、あるいは後部座席がないライトバンも、「トラック」の一種です。

オートバイとスクーターってどう違うの？

日本では「オートバイ」、アメリカでは「モーターバイク」、イギリスでは「モーターサイクル」、これ全部、二輪自動車のことです。最近、日本ではモーターバイクを略してバイクと呼ぶことが多いようです。

「スクーター」も二輪自動車であることに違いなく、バイクの変型したものをいいます。足をそろえて腰掛ける形で乗る小型の「オートバイ」を「スクーター」と呼んでいます。

「スクーター」は、第二次世界大戦直後の復興期に世界的に大流行しました。映画『ローマの休日』でオードリー・ヘップバーン扮する王女が新聞記者のグレゴリー・ペックにしがみついてローマの町を疾走した乗り物、あれです。

「スクーター」の人気はいったん衰えましたが、日本では80年代に復活。軽くて便利、加えて低価格が評価されて、今も女性を中心に広い層の支持を得ています。

日本は世界に冠たるバイク大国。ホンダ、ヤマハ、スズキ、カワサキの四大メーカーが世界を制しているといっても過言ではありません。この大きな原因は、日本で乗用車が大衆化したのが欧米各国よりずっと遅れたからだとか。

つまり、オートバイの生産が欧米各国より長く続いたため、その間に設計、生産での技術革新を遂げることができた結果なのです。

日本の四大メーカーのうち、カワサキ以外の3社は「スクーター」をつくっています。

汽車と電車ってどう違うの？

蒸気機関車、または蒸気機関車が牽引する列車のことを「汽車」といいます。steam（蒸気）locomotive（機関車）の頭文字をとったSLの愛称で親しまれているのが、これ。

産業革命で蒸気機関が発明されてイギリスに登場した蒸気機関車ですが、日本に伝えたのは開国を迫ったペリーだとか。１８５４年、蒸気機関の鉄道模型を紹介したとされています。

イギリスの技術を導入し、日本で鉄道の建設が始まったのは明治時代。１８７２（明治５）年、新橋―横浜間で鉄道の運行がスタートしました。日本にも「汽車」が登場したわけです。

一方、電気動力で動く鉄道車両が「電車」です。1895年には日本初の電気鉄道として京都電気鉄道（のちの京都市電）が開業。路面電車を走らせています。

私鉄や市電など小規模なところから導入が始まった「電車」なので、かつては国鉄（現在のJR）を「汽車」、私鉄や市電を「電車」と区別した時期もあったとか。一方で、地域や世代によっては、電気で動く列車も含め列車はすべて「汽車」と呼んでもいました。

もっとも、1950年代になると国鉄は本格的に鉄道の電化を進め、76年には国鉄における蒸気機関車は全廃。今でも大井川鉄道をはじめ、JRや私鉄でSLを運転していますが、これらはイベント運行としての扱い。乗車の際には事前予約をお勧めします。

タクシーとハイヤーってどう違うの？

「タクシー」は、客の求めに応じて目的地まで客を運び、距離・時間に応じて料金をとる営業用自動車のこと。日本では、タクシー会社が運営する法人タクシーと、運転手自身が自分の車を使って営業する個人タクシーがあります。

「ハイヤー」は、営業所などに待機し、客の求めに応じて派遣する貸切乗用車です。

ということは、街でひろうのが「タクシー」で、電話で呼び出すのが「ハイヤー」ってことでしょうか？　いえいえ、「タクシー」だって電話で呼び出すことができます。

そもそも法律（道路運送法）には「ハイヤー」を定義する条文はありません。「ハイヤー」は「タクシー」の一種として位置づけられているのです。違いといえば、「タクシー」は流し営業を行うのに対して、「ハイヤー」はあくまでも契約が前提。

あるタクシー会社では、「ハイヤーは、交通機関のなかでも高い付加価値をもった特別輸送機関」としています。最高級の車両ときめ細かいサービスで安心と満足を提供するとか。

要するに、料金が高い分、わがままを聞いてくれるのが「ハイヤー」で、日常の足として使うのが「タクシー」ということでしょう。

エンジンとモーターってどう違うの?

「エンジン」も「モーター」も、ともに発動機、つまり動力を発生する装置のことです。

「エンジン」がさまざまなエネルギーを力や運動に変換する装置であるのに対し、「モーター」は電気エネルギーを回転などの機械エネルギーに変える装置と区別できます。動力の材料が「さまざまなエネルギー」と「電気エネルギー」の違いということができます。

「エンジン」の語源は「生まれながらの才能」「賢さ」で、それが18世紀に「エネルギーを動力に変えるもの」と変化したといいます。

18世紀は産業革命によって蒸気機関が登場した時代。ですからこの時代は、「エンジン」は蒸気機関のことをさしました。こうした省略は今の時代にも通じていて、現代は「エンジン」というと自動車のエンジンをさすことが多いのですが、エンジン=自動車、とはなりません。

一方で、「モーター」の本来の意味は、「動かすもの・動かされるもの」。ここから、「モーター」は自動車をさす言葉としても使われます。モーターサイクル、モーターショー、モータリゼーションなど、自動車に関連する言葉も次々と出てきます。

「エンジン」の派生語は、エンジニアとかエンジニアリング。なんだか賢そうですよね。

ちなみに、「エンジンがかかる」という言い方をしますが、これは物事が調子よく進み始め、軌道に乗ってきたことを表現する言い方。「モーター」には、こうした使い方はありません。

セメントとコンクリートってどう違うの?

「セメント」は「コンクリート」の原料です。

「セメント」は粉末で、「コンクリート」はその「セメント」に砂と砂利を加え、さらに水を混ぜてこねて、これを固めたもののことをいいます。固まっていないドロドロの状態になっているものが生コンクリート（生コン）で、すっかり固まると「コンクリート」になります。

車体に回転する円筒形のドラムを装備したコンクリートミキサー車は、「コンクリート」の原材料を攪拌しながら運んでいます。ドラムの中には生コンクリートが入っているのです。

「コンクリート」は、押さえつけられる力には強いのですが、引っ張りに弱いという性質があります。そこで、「コンクリート」の中に鉄筋を入れた鉄筋コンクリートとして使われることがほとんどです。鉄筋を入れることで、圧縮力、引張力《ひっぱりりょく》のどちらの力にも十分な強度をもたせることができるからです。

「セメント」は単価が安く、輸送費が高いという特色があります。そのため、「セメント」は世界生産量に比べると貿易量の比率が低く、国内生産、国内消費型の産業。ですから、「セメント」に関してはどの国も自給自足が原則のようです。日本では、セメント原料の中心となる石灰の国内埋蔵量は、ほぼ無尽蔵だそうです。

漫画とアニメってどう違うの？

日本最古の「漫画」ってご存じですか？12〜13世紀、平安時代末期から鎌倉時代初期にかけて複数の作者によって描かれたといわれる『鳥獣《ちょうじゅう》戯画《ぎが》』です。

戯画とは、風刺や滑稽を狙って描かれた絵のことをいいます。ですから、「漫画」とは大胆に省略・誇張して描き、笑いを誘いながら社会や人物を批判的・嘲笑的に表現した絵のことでした。

これが時代を経て、現代では絵、または絵とせりふによって表現される物語を「漫画」と呼んでいます。

「アニメ」は、アニメーションの略。動作や形が少しずつ異なる多くの絵や人形を一コマずつ撮影し、画像が連続して動いて見えるように制作したものです。「漫画」からは聞こえてこない台詞や音楽も、「アニメ」には欠かせない要素。いわば、動画が「アニメ」です。

しかし、外来語であるアニメーションという言葉が１９７０年代後半に一般化する前は、これらも「まんが」と呼んでいました。今でも「テレビまんが」という言い方をしたりすることがありますね。

日本では、どの国の作品でも動く漫画を「アニメ」と呼びますが、海外では「anime」

といえば日本の作品のことをさします。「manga」や「tankohbon」といった言葉も今は世界各国に広まっていて、漫画は日本を代表する文化になりました。

２００７年には外務省が「国際漫画賞」を創設。「漫画」は日本の文化外交にも一役買っています。

リスニングとヒアリングってどう違うの？

Listen to me!（私の言うことを聞きなさい）と言われて、「聞いてますよ〜」とつぶやくのは I'm listening.。

「この冷蔵庫大丈夫かな。さっきから変な音がしているんだけど……」は、Is this refrigerator all right? I have been hearing a strange noise.。

この例文のように、「リッスン」が「意識的に耳を傾けて聞く」という意味で用いるのに対して、「ヒア」は無意識に聞こえる場合に使います。リッスンの派生語にリスナーという言葉がありますが、これは聞き手のこと。ラジオ番組の聴取者のことをこう呼びますね。

オーディオによる音楽鑑賞を目的とした部屋をヒアリングルームと呼ぶのはまちがい。リスニングルームでなくてはなりません。

英語の試験で、英語を聞いてその内容を理解したかどうかを問う試験も、リスニングテストが正しい。ヒアリングテストは、聴力検査です。

英語学習をしていると「ヒアリング力をつける」という言い方がよくされていますが、これは「意味を理解するために注意を払わなくても、内容が聞き取れるようになる」ということ。だって日本語は、注意していなくたって何を言っているかわかりますもの。

「隣の部屋のテレビの音が聞こえるんだよ」と愚痴る場合には、I hear the neighbor's television.と言うと、アブナイ人になってしまいます。

アクセントとイントネーションってどう違うの？

「アクセント」は、単語ごとに決まった音の強弱や高低のことをいい、「イントネーション」は、文単位の音の強弱や高低のことをいいます。

「アクセント」には、英語やドイツ語などに見られる「強弱アクセント」と、日本語などに見られる「高低アクセント」の二種類があります。

ドイツ語を聞いていると叱られているように思えてくるのは、音節ごとの強弱が日本人には大げさに聞こえてしまうからかもしれません。

日本語は、「アクセント」を強調するとまるで唄をうたっているように聞こえます。

たとえば、北原白秋の童謡「からたちの花」。実際、作曲者の山田耕筰《こうさく》は「白秋の詩には音楽がある」と語っており、日本語の韻律をたくみに曲に利用したそうです。

「アクセント」によって単語が区別される例は、多くの言語に存在します。日本語でも、「橋・箸・端」がそうですね。

「イントネーション」は、話し言葉のなかで、話の内容や話し手の感情の動きによって単語のまとまりや文全体に現れる声の上がり下がりです。

「イントネーション」の違いによって、発言のニュアンスをあらわすことができます。

「そうですか」と下がり気味に言えば、わかりましたという意味になりますが、「そうですかぁ」と語尾が上がると、ちっとも納得していない感じが伝わります。

神と仏ってどう違うの？

「神」は、人間を超えた存在。人間を含むあらゆる生物の生命や、この世界そのものを創り出した存在であるとされ、信仰や崇拝の対象となります。人間に対して、禍福や賞罰を与える存在でもあります。

「神」がどのような存在であるかは、信仰される教えによって異なります。ユダヤ教やキリスト教、イスラム教などが唯一神とするのに対し、インドのヒンドゥー教や日本の神道は多神教です。

仏教は、人間を超えた存在を信仰対象にもっていません。「仏」は、仏教の完全な悟りを開いた人をさします。

悟りとは、迷想や妄執から解き放たれ、真理を会得するということ。「仏」は仏陀《ぶっだ》ともいいますが、これはサンスクリット語で「目覚めた人」という意味なのです。

ただし多くの仏教の宗派では、仏陀は釈迦《しゃか》だけをさす場合が多く、他の悟りを得た人物には別の呼び方が使われています。

「仏」は人に祟《たた》ることはありませんが、神様は祟る性格ももっています。そもそも「神」は人間を導いてくださる存在ですから、教えに背《そむ》けば罰を与えるというわけです。

さらに、神々は人と同じような姿や人格を有していて、感情や欲望ももっています。祟るからこそ人は「神」を畏《おそ》れ敬《うやま》うのかもしれませんね。

旧約聖書と新約聖書ってどう違うの？

昔に翻訳された聖書が「旧訳聖書」で新しく訳されたのが「新訳聖書」と思っている人がたまーにいますが、漢字は「旧約」「新約」です。

イスラエル（ユダヤ）の民の歴史のなかから生まれた聖書は、「創世記」から「ヨハネの黙示録」まで、多くの文書によって構成されています。その内容は、創世神話、歴史物語、法律書、詩、格言と多岐にわたりますが、イエス・キリストの存在をはさんで「旧約聖書」と「新約聖書」に分かれます。

ユダヤ教では、「旧約聖書」のみが聖典であり、「旧約」「新約」という呼び名は、キリスト教徒が用いているものです。

キリスト教では、イエスはユダヤ教徒が神と結んだ「古い契約」の時代を終わらせるためにつかわされた「神の子」であるとされています。ですから新約聖書は、旧約聖書の内容を新しく解釈しなおすことから生まれました。

キリスト教徒は「モーゼの十戒《じっかい》」にもとづくユダヤ教の教えを神との古い契約と考えました。

イエス・キリストは、イスラエルの民がその契約を守らなかったため、神との「新しい契約」を結んで人間との関係を正すために、この世に生誕されたとしています。

イエスが登場するのが「新約聖書」、登場しないのが「旧約聖書」です。

牧師と神父ってどう違うの？

イスラエルの民の歴史から生まれたキリス

ト教ですが、長〜い時代を経るなかで、さまざまに展開し、教派も数多く生まれました。おもな教派は、東地中海沿岸やロシアを中心とした正教会、バチカンにあるローマ教皇庁を総本山とするカトリック、カトリックに対する宗教改革から発生したプロテスタントです。

さて、「神父」という呼び名はカトリックや東方正教会で司祭に対する尊称として使います。

司祭とは、ミサを行ったり、信徒に語りかけたりといったさまざまな布教活動を行う聖職者のことをいいます。

カトリック教会の「神父」は、信徒がキリストによって定められた神の恩恵を与える儀式を受けることで「神父」となります。

「神父」は信徒にはない、たとえば神の代理として信徒の罪を許すといった権限が与えられるため、ふさわしい知識と人格が求められます。

一方、「牧師」はプロテスタントで使われる呼び名。教区・教会を管理し、信仰の指導をする人のことです。新約聖書で、キリストが自分を「羊を飼う牧者」にたとえたことが呼び名の由来です。

「牧師」は、プロテスタント教会の信徒の代表であり、基本的に信徒と同じです。「神父」は独身でその生涯を司牧に捧げなければなりませんが、「牧師」は、結婚はむしろ奨励されていて、教派によっては女性の「牧師」も認められています。

英語では「神父」はFather、「牧師」はPastorです。

大学と大学校ってどう違うの？

「防衛大」というのは「大学」？　それとも「大学校」？

「大学」は、「学術の中心として、広く知識を授けるとともに、深く専門の学芸を教授研究し、知的、道徳的及び応用的能力を展開させることを目的」としています（学校教育法第83条）。

一方、「大学校」は「大学」とは異なる教育施設です。「大学」以外は学校教育法の規定によって「大学」という名称を使うことを禁止されていますが、「大学校」を規定する法律はありません。ですから、どんな施設でも「大学校」を名乗ることはできます。

ほとんどの「大学校」は、職業に必要な能力の育成を目的としています。防衛大学校、防衛医科大学校、海上保安大学校、気象大学校、国立看護大学校、水産大学校、職業能力開発総合大学校など、省庁など国の行政機関が付属機関として運営している施設も多く、上記の「大学校」では学位を取得することもできます。

国の機関となっている「大学校」のなかには、入学すると国家公務員となり、学費が無料であるだけでなく給与をもらえるところもあります。ただし、入学に年齢制限を設けている場合があります。

職業に直結していることから、「大学校」に社会人入学という制度はないようですが、「大学」では、少子化の影響もあり、近年は社会人入学に熱心なところが増えています。

生徒と学生ってどう違うの？

「ぼくの学生時代には……」なんて言い方をしますが、この「学生時代」というのは、「高校時代」をさすのでしょうか？ それとも「大学時代」？

じつは、「幼児」「児童」「生徒」「学生」という呼び方は学校教育法で決められています。

小学校に入学する前の幼稚園や保育園に通う子どもたちは「幼児」、小学校では「児童」、中学生と高校生は「生徒」。大学や大学院など高等教育機関で学んでいれば「学生」です。

ということで、正確には「学生時代」というと「大学」に通っていたころとなります。

ちなみに、小学校で行われるのは初等教育、中学校・高校が中等教育、大学・短大・高等専門学校で行われるのが高等教育です。

ＵＦＯと空飛ぶ円盤ってどう違うの？

「ＵＦＯ」は、unidentified flying object（アンアイデンティファイド・フライング・オブジェクト）の頭文字。直訳すれば、「未確認飛行物体」となります。

本来はアメリカ空軍で使われていた言葉で、国籍不明の航空機や、正体を確認できない飛行物体をさしています。それが宇宙人の乗り物という意味として用いられるようになったのは、その飛行物体が通常の地球の飛行物体では考えられない飛び方をするという目撃証言のせいです。宇宙人の乗り物（エイリアンクラフト）に違いない、というわけです。

一方、「空飛ぶ円盤」は、英語ではフライング・ソーサー（flying saucer）。これは、

1947年に宇宙人の乗り物を目撃したと発表したアメリカ人のケネス・アーノルドという人が、「水面をはねる皿のように飛んでいた」と新聞記者にその物体の飛行の様子を話したことから命名されたのだとか。

実際には、ケネスが見た物体は丸いお皿の形ではなく、三角形だったそうです。

というわけで、「空飛ぶ円盤」は「未確認飛行物体」の一つといえます。

海外では「ユーエフオー」と発音する場合が多い「UFO」ですが、日本では「ユーフォー」が一般的。ピンク・レディーのヒット曲がこの呼び方を定着させたとか。今や「空飛ぶ円盤」は死語。最近のSF映画にもお皿の形の宇宙船はまず登場しません。

まったくの蛇足ですが、「日清焼そばU.F.O.」は、うまい、太い、大きいという商品特徴の頭文字だそうです。

宇宙人とエイリアンってどう違うの？

英語の「エイリアン（alien）」には、外国人や異国人のほかに「宇宙人」「異星人」という意味があります。

つまり、「エイリアン」と「宇宙人」は同じ意味の言葉なのですが、日本では別種のものをさす言葉として使われます。

「宇宙人」は空飛ぶ円盤に乗ってやって来て、地球で使われる言葉を操って人間と交信したり、何の目的かときどき人間を連れ去っていったり、ときには地球乗っ取りを計画したり——地球人が映画や小説などで描いてきた「宇宙人」のイメージです。

一方、「エイリアン」は人間を襲って体内に侵入し、寄生生物となって繁殖しようとする生物のことをさします。

元来、外国人、異国人をさす「エイリアン」という英語が、日本ではもっぱら地球外生命体、それも人間を食い破るオソロシイ生物というイメージでとらえられるようになったのは、１９７９年公開の映画『エイリアン』の大ヒットからです。

以来、地球外生命体をさし示す言葉としては、「宇宙人」より「エイリアン」のほうがよく使われています。とはいえ、寄生する生物だからでしょうか、「エイリアン」のイメージは昆虫に似ています。映画『スター・ウォーズ』に登場する面々とは、どこか違う。

「宇宙人」と違って「エイリアン」は問答無用で人間を襲ってくる。映画『E．T．』に登場する地球外生命体は、「宇宙人」と呼ぶほうがしっくりきます。なぜか「宇宙人」は、人間同様の社会生活を営んでいると想像されるケースが多いのです。

ロボットとサイボーグとアンドロイドってどう違うの？

「ロボット」と「サイボーグ」は、すでに私たちの日常で活躍していますが、「アンドロイド」はＳＦに登場する人工生命体のことをいいます。

日本は、世界に冠たるロボット大国。複雑な動作をコンピュータ制御により自動的に行う産業用ロボットの分野では、世界の稼働台数の３割近くを日本製が占めています。

さらに日本では、ＡＳＩＭＯのような二足歩行が可能な人型ロボットの開発も盛んです。そこには、『鉄腕アトム』をはじめとするロボットアニメの影響があるとか。実際、開発者の多くがこのことを認めています。

「サイボーグ」は、機械装置を体内に移植した、いわゆる改造人間。宇宙空間のような過酷な環境の下でも活動できるためにと考えられたそうです。

映画や漫画の世界で多く描かれてきましたが、現実のものとして、現在は電子義肢や人工臓器など、医療面での研究が進められています。ペースメーカーや人工心臓、人工関節、人工内耳は実用化もされています。

「アンドロイド」は人造人間。1982年に公開された映画『ブレードランナー』では、植民惑星で人間の奴隷として働かされていました。人工生命体にもかかわらず、自己の存在に悩むアンドロイドは、姿形だけでなく心情も人間そのものに描かれていました。

ちなみに、「ヒューマノイド」は、人間のような外形をした生命体のことをいい、アンドロイドよりも広い意味で使われます。人間型異星人は、ヒューマノイドということになります。

恐竜と怪獣ってどう違うの？

「恐竜」といえば、ティラノサウルス、ブラキオサウルス、トリケラトプスなど、「怪獣」といえば、ゴジラ、キングギドラ、レッドキングなど。同じように巨大生物をイメージしますが、「恐竜」は実在した生き物、「怪獣」は空想の産物です。

人類が誕生するずっと以前、地球上に君臨していた「恐竜」たち。小さいものはニワトリ程度、大きなものは体重40トン以上。地上最大の生き物です。

最初期の人類とされるアウストラロピテクスがアフリカに存在したのが540万年前。ホモ・サピエンスへの分化が始まったのが30万年前。われわれ人類の歴史はまだこの程度です。ところが「恐竜」は、1億6000万年という気の遠くなるような歳月を生き抜いて、6500万年前に絶滅していったのです。

なぜ、「恐竜」は絶滅してしまったのか。宇宙で起こった新星爆発の影響を受けたのか、巨大隕石の衝突によるものか、はたまた哺乳類の台頭のせいなのか……。解明しきれないその謎は、地球史最大級のミステリー。世界各地で発見される巨大な化石が、私たちのロマンをかきたてます。

「怪獣」は、「恐竜」などをモデルに創作された、超能力をもつ動物。怪獣映画やウルトラマンシリーズに登場した、巨大で強力な生物です。

ヨーロッパの小説や映画に登場する狼男や吸血鬼、フランケンシュタインといった怪物は、「怪獣」とは一線を画します。また、鵺《ぬえ》やミノタウロスなどの怪物は畏怖すべき存在であり、神話や民話といった形で人々の伝承の中で受け継がれてきたものです。

「怪獣」は、もちろん怪物の影響も受けてはいますが、映像作品や漫画に登場する人智を超えた巨大生物なのです。

イモリとヤモリってどう違うの？

夏場などに、建物の壁や天井などにペタリと張り付いている「ヤモリ」。

気持ち悪いと思う人もいるかもしれませんが、とくに人間に害を与えることはなく、家の蚊や蛾を食べてくれます。このヤモリとよく混同される生き物に「イモリ」がいますが、「ヤモリ」と「イモリ」って、どう違うのでしょうか。

「ヤモリ」と「イモリ」は似て非なるもの、生物学的な分類がまったく異なる生き物です。「ヤモリ」はトカゲやヘビなどと同じ「爬虫類」で、陸上で生活しています。一方の「イモリ」はカエルと同じ「両生類」でおもに水中に棲《す》んでいます。

　見た目の違いも並べてみると歴然。お腹が鮮やかな赤色をしており、それ以外の全身が黒いのが「イモリ」で、体全体が黄色っぽい色をしているほうが「ヤモリ」です。

　「イモリ」はフグと同じ成分の毒をもっており、お腹の赤色は、他の生物に毒をもっていることを知らせる警戒色とされます。

　両者の違いを覚えるには、それぞれ漢字でどう表記するかを知っておけば簡単でしょう。

　「イモリ」は漢字で「井守」、「ヤモリ」は「家守（または守宮）」と書きます。水辺に生息するから「井戸を守る」で「イモリ」、家で害虫を食べてくれるから「家を守る」で「ヤモリ」というわけです。

イルカとクジラってどう違うの？

　水族館などで達者な芸を披露してくれる「イルカ」。一方、環境意識の高まりからその生態に注目が集まり、日本では伝統的な食材や工芸品の材料としてもなじみ深い「クジラ」。

　私たちはこの二つを呼び分けていますが、じつは「イルカ」も「クジラ」も生物学上は同じ「クジラ目」で、何が「イルカ」で何が「クジラ」かの区分は明確ではないのです。

　「イルカ」「クジラ」の呼称は主として大きさの違いから使い分けられていて、多くの場合、体長が４ｍ前後のものは「イルカ」、それより大きいものは「クジラ」と呼ばれています。

クジラ目は、その形態から「ハクジラ」と「ヒゲクジラ」の二つのグループに分けられます。

見分けるポイントは口の中の構造です。ハクジラには鋭い「歯」がたくさん生えていますが、ヒゲクジラには歯がなく、代わりに櫛《くし》状の「ヒゲ板」と呼ばれるものが口の中にずらりと並んでいます。歯がないというのはちょっと驚きですが、海水を丸呑みして、このヒゲ板でエサのプランクトンだけを上手にこしとります。

ハクジラとヒゲクジラには、他にも鼻の穴（噴気孔）の数やメスとオスの大きさなどにも違いがあります。

水族館の曲芸などでおなじみのハンドウイルカや、船と競争するように泳ぐマイルカのように、日本で「イルカ」と呼ばれる仲間はハクジラのグループに属し、口の先がくちばしのように突き出ています。

生物学的に違いがないイルカとクジラですが、この「顔つき」で、その多くは見分けることができるでしょう。ただ、口が突き出ていない「イルカ」や、逆に口が突き出た「クジラ」もいるため、必ずしもすべてにあてはまるわけではありません。

ちなみに、〝海のギャング〟と呼ばれる「シャチ」も、ハクジラの仲間です。

第4章

食べ物・健康編　えー、そうだったの？

焼きめしとチャーハンとピラフってどう違うの？

「焼きめし」「チャーハン」「ピラフ」、どれも米を炒《いた》めて作ります。しかし、この三つは本来、調理法も味も違う料理です。

「ピラフ」はもともと中東発祥の料理。生の米と玉ねぎのみじん切りを油で炒め、肉や野菜、スープと一緒に炊いて仕上げます。生米を炒めてから炊くことで、「ピラフ」のこってりした味わいがうまれるのです。喫茶店などで、炊いた米をバターや野菜と炒め「ピラフ」といって出している店もありますが、これは厳密には「ピラフ」とは言えません。

「チャーハン」は漢字で炒飯と書き、中国料理が日本に定着したものです。熱した鍋に油、溶き卵、肉や野菜、そして炊いた白米を入れて炒めます。

「焼きめし」は関東よりも関西でよく使われている名前で、「ピラフ」や「チャーハン」のように定義が明確ではありませんが、作り方は「チャーハン」と同じ。ただし、チャーハンに入れる具は卵、ネギ、チャーシューや海老が定番ですが、「焼きめし」にはとくに入れなければならない具があるわけではなく、米に合うものなら、何を入れてもかまわないようです。いわば和風チャーハンです。店によっては「焼きめし」は醤油味、「チャーハン」は塩味、と味つけで区別しているところもあります。

ラーメンと中華そばってどう違うの？

「ラーメン」も「中華そば」も、中国の料理を日本人の口に合うようにアレンジした日本の中華料理。どちらも、鶏《とり》ガラや豚骨を使ったスープに、中華麵を入れるという基本は同じです。

　戦前まで「ラーメン」は「支那《しな》そば」と呼ばれていました。戦後は「中華そば」の名前が増えましたが、徐々に「ラーメン」と呼ばれるほうが増え、現在に至っています。

　いつから日本人が「ラーメン」を食べるようになったかは、はっきりした記録がないのですが、中華料理店が増えたのは大正時代以降のこと。関東大震災後、東京では食べ物を売る屋台が急増し、そのなかには「ラーメン」の屋台もあったといいます。

　それまでも、夜中に引き売りの屋台でそばやうどんを売る「夜鳴きそば（うどん）」がありましたが、今では「夜鳴きそば」といえば、そばよりも「ラーメン」をイメージする人のほうが多いでしょう。

　現在、「ラーメン」のバリエーションも増え、縮れていない麵、スープのダシに魚介類を使うもの、独特の個性をもつご当地ラーメンなど、さまざまな「ラーメン」があります。そんななか、「中華そば」は、鶏ガラと醬油味のあっさり昔風の味という意味で使われていることが多いようです。

おじやとリゾットってどう違うの？

　イタリアのお米料理「リゾット」を知らない人に説明するとき、「イタリアのおじやのようなもの」とよく言われます。けれど、「おじや」と「リゾット」は作り方が違い、その味にも大きな違いがあります。

　「おじや」はダシに具材を入れて煮込んでから、炊いた米を入れて作ります。米にはすでに火が通っているので、米を入れてからは長時間煮込みません。煮込むと米が糊《のり》状になってしまうからです。

対して「リゾット」は生の米をオリーブオイルやバターで炒め、そこにスープやワインなどの水分と具材を入れて煮込んで仕上げます。水分が飛んでなくなった状態が完成です。

「リゾット」は炒めるときに米は洗いませんし、形が崩れにくいので水分の多い新米よりも、古米のほうが適しているといわれます。煮崩れを防ぐため、煮込んでいる間はあまりかき混ぜません。

イタリアではパスタと同じように「アルデンテ」の状態が好まれ、米の芯が少し残った状態に仕上げます。日本の「おじや」と同じだと思って食べたら、「まだ生煮え」と思うかもしれません。

もりそばとざるそばってどう違うの？

「もりそば」と「ざるそば」、どちらも茹《ゆ》でてから水で洗った冷たいそばを、つゆにつけて食べます。よく似ていますが、どこが違うのでしょう？

江戸時代、つゆにつけて食べるそばのことを「そば切り」と呼んでいました。しかし、そばに最初からつゆをかけて出す「ぶっかけ」が登場すると、区別するために「もりそば」という名称ができたといわれています。

「ざるそば」は江戸中期に深川のそば屋「伊勢屋」が竹ざるに盛ってそばを出し、評判となったことが始まりといわれます。明治に入ると「ざるそば」に海苔《のり》をつけることで、「もりそば」と区別するようになりました。

そして、冷たいそばにはもう一つ「せい

ろ」もあります。「せいろ」はもともと上等の「もりそば」をさしていました。それが江戸後期、幕府にそば屋が値上げを要求した際、値上げではなく器を底上げして、量を減らすことを許されたことから、高さのあるせいろに盛ったそばを「せいろ」と呼ぶようになったそうです。

現在は「せいろ」も「もりそば」も竹の簀《す》をしいたせいろ型の器を使うこともあり、混同されることも多いようですが、「ざるそば」は丸い器に盛られ、海苔がかかっていることで、「もりそば」「せいろ」とは区別されています。

みそ汁とおみおつけってどう違うの？

カツオ節や煮干のダシで野菜や豆腐などを煮込んで、みそで味をつける「みそ汁」。その名の通り、みそを使った汁ものです。みそ汁には「おみおつけ」という、もう一つの呼び名があります。

「おみおつけ」は漢字で「御御御付」。主食につけるもの、という意味の「つけ」に丁寧な表現で使う「御」を三つもつけたものです。これは「みそ汁」の丁寧な呼び方で、室町時代に宮廷に使える女官《にょかん》たちが使っていた言葉「女房詞《にょうぼうことば》」が語源とされています。「おみお」と、同じ「御」に対して読み方が違うのは、「御御籤《おみくじ》」などと同じ用法です。

宮廷言葉が語源とされ、みそ汁よりも丁寧な言い方なので、普通のみそ汁よりも具を多くいれた汁を「おみおつけ」と呼ぶという説もあります。

関西発祥の言葉ともいわれますが、以前には各地でよく使われていたことを考えると、物が豊富でなかった時代には、副菜である

「みそ汁」も大切な食事の一つと考え、「おみおつけ」という敬称を使っていたのかもしれません。

落花生とピーナッツってどう違うの？

「落花生」と「ピーナッツ」はどちらもマメ科の1年草で同じもの。「落花生」は日本名で、「ピーナッツ」は英語の「peanut」をカタカナ表記したものです。

日本名は、受精すると花が地面を向き、めしべの子房《しぼう》（根元の部分）が伸びて地中に入り、地面の中で実をつけるという独特の性質に由来します。

「落花生」の原産は南米のアンデス地域といわれ、日本へは江戸時代の初期に中国から伝わりました。中国から伝わったので、別名「南京豆」「唐人豆」とも呼ばれます。

世界ではインドと中国が「落花生」を多く生産し、そのまま食べるだけでなく、しぼった油を料理に使います。アメリカでは「落花生」をすりつぶした「ピーナッツバター」をパンに塗ったり、お菓子に使ったりと、いろいろな食べ方をしています。

本来、生の「落花生」は柔らかく、私たちが普段食べているカリッとした「落花生」は、乾燥させ、煎《い》って火を通したものです。そのまま茹でると柔らかい「落花生」の味が楽しめます。

アイスクリームとラクトアイスってどう違うの？

子ども用の棒つきアイスから、大人のデザート用まで、アイスクリームとひと口に言ってもいろんな種類のものが出回っています。

よく見ると「アイスクリーム」「ラクトア

イス」「アイスミルク」と表示に違いがあることに気がつきます。この違いは価格や見た目ではなく、乳固形分と乳脂肪分の割合で分けられています。

乳固形分とは、牛乳から水分を抜いた成分のことで、無脂乳固形分と乳脂肪分に分けられます。「アイスクリーム」は、乳固形分の割合と、その中の乳脂肪分の割合で分類されているのです。乳固形分が３％以上含まれている（発酵乳は除く）ものを「アイスクリーム」「アイスミルク」「ラクトアイス」と呼びます。

それぞれの違いは――。

アイスクリーム……乳固形分15・０％以上を含み、このうちの乳脂肪分が８・０％以上

アイスミルク……乳固形分10・０％以上を含み、このうちの乳脂肪分が３・０％以上

ラクトアイス……乳固形分３・０％以上

アイスクリーム、アイスミルク、ラクトアイスの順で、ミルク風味が薄くなります。「ラクトアイス」には乳脂肪分の規定がないので、植物性脂肪が多く使われています。

値段が高いからといって必ずしも「アイスクリーム」であるとは限りません。購入するときはぜひ、分類の表記を見てください。

アイスクリームとシャーベットってどう違うの？

「アイスクリーム」と「シャーベット」は、食品の分類上違うものとされています。

「アイスクリーム」「アイスミルク」「ラクトアイス」は総称して「アイスクリーム類」といい、含まれている乳固形分や乳脂肪分の割合が決められています。これら３種に該当しないものを「氷菓」といい、「シャーベット」もその一つです。乳固形分や乳脂肪分が

少なく食感がサクサクしています。

「アイスクリーム」の歴史は古く、ヨーロッパでは紀元前から、氷に蜂蜜や牛乳、ワインなどを加えて食べていたといわれています。この「アイスクリーム」の元祖は、成分を考えると、現代の乳脂肪がたくさん入った「アイスクリーム」よりも、むしろ「シャーベット」に近い味わいだったのでしょう。

「シャーベット」の語源はアラビア語で、氷や雪と砂糖を使った甘い飲み物をさすシャルバットです。シャルバットがイタリアに渡り、ソルベットと呼ばれるようになり、ヨーロッパ各国に広まりました。

ちなみに、「シャーベット（sherbet）」と呼ぶのはアメリカ、フランスやイギリスでは「ソルベ（sorbet）」、イタリアでは「ソルベット（sorbetto）」といいます。

また、イタリアのジェラートは乳脂肪分が低いので、日本の規格では「アイスミルク」にほぼ該当します。

ぜんざいとお汁粉《しるこ》ってどう違うの？

「ぜんざい」も「お汁粉」も、小豆《あずき》に砂糖を加えて煮た甘い食べ物です。冬の寒い時期に食べると体が温まります。では「ぜんざい」と「お汁粉」にはどんな違いがあるのでしょうか？

この二つの呼び方には、関東と関西で違いがあります。

関東では「お汁粉」がベーシックな呼び方です。小豆を煮て潰した粒あんのものも、小豆を煮てから漉《こ》したこしあんのものも、総称して「お汁粉」と呼ばれますが、粒あんの汁粉や餅を入れた汁粉を区別して「田舎汁粉」と呼ぶこともあります。

関東で「ぜんざい」というのは、粟や白玉などの上に「お汁粉」よりも水分の少ない、ぼってりした小豆あんをかけたもののことです。

対して関西では、粒あんのものを「ぜんざい」と呼び、こしあんのものだけが「お汁粉」と呼ばれます。ですから、大阪を舞台にした、織田作之助の有名な『夫婦善哉《めおとぜんざい》』の「ぜんざい」は粒あんということになります。

桜餅と道明寺ってどう違うの？

毎年、春先には和菓子屋さんに並ぶ「桜餅」。５月の柏餅や夏の水羊羹《みずようかん》などと並んで、季節感のある菓子として人気の「桜餅」には、関東と関西では違いがあります。

関東の「桜餅」は小麦粉を薄く焼いた皮で、丸めたこしあんを巻き、塩漬けにした桜の葉で包みます。葉は食べないという人もいますが、塩味のきいた葉とあっさりした皮、そして甘いあんという、三つの味の違いがおいしさを生み出しています。

「桜餅」は江戸時代、向島の長命寺で売り出したのが始まりといわれ、現在でも向島には桜餅のお店があります。

関西で「桜餅」といえば、こしあんを、蒸した道明寺粉《どうみょうじこ》で丸い形に包み、塩漬けの桜の葉で包んだものです。道明寺粉とはもち米を蒸してから干したもので、モッチリした食感と独特の歯ざわりが特徴です。

関東、関西、どちらの「桜餅」にも共通しているのは、あんを包む皮の部分を淡い桜色に染めること。そして塩漬けの桜の葉で包むことです。

関西の「桜餅」は、関東では「道明寺」と呼ばれます。また「道明寺」で、桜の葉を使わず、着色せずに白いまま椿の葉の上に乗せると冬の菓子である「椿餅」となります。

明太子とたらこってどう違うの？

「明太子《めんたいこ》」も「たらこ」もスケトウダラの卵を使った食品です。けれど「明太子」はピリリと辛く、味が違います。味の違いは調味料の違いにあります。

「たらこ」は生のたらこを塩漬けにしたもので、「明太子」は塩だけでなく粉唐辛子で漬け込んだもの。唐辛子を使っているので、辛子明太子ともいいます。

ではなぜ、タラの卵を塩と唐辛子で漬けたものを「明太子」というのでしょうか？

辛子明太子は九州の博多が発祥といわれます。九州の隣、韓国では、スケトウダラのことを「明太（みょんて）」と呼んで好まれており、博多でもタラを「明太（めんたい）」と呼びます。「タラ」を「めんたい」と呼ぶので「たらこ」は「めんたいこ」となるわけです。現在では九州だけでなく、日本中で「明太子」は作られるようになりました。

「たらこ」も「明太子」もプチプチした食感がおいしさの一つですが、生のたらこにあの食感はありません。塩分を加えることによって、水分が抜け、卵の膜の蛋白質が硬くなり、独特の食感が生まれるのです。

漬物とお新香ってどう違うの？

野菜を塩や糠《ぬか》などで漬けた「漬物」。その歴史は古く、平安時代の初期に儀式や制度などを記した『延喜式《えんぎしき》』には塩漬や醤漬《ひしおづけ》（たまりを使った漬物）の記述があります。

しかし実際には、漬物作りに必要な塩作り

は縄文時代に始まっているため、その頃から野菜や山菜で漬物を作っていたのではないかといわれています。

現在、「お新香《しんこ》」という名前は「漬物」を丁寧に呼ぶときの言い方とされています。しかし、もともとはほかにも意味があったようです。

「お新香」という名前のなかの丁寧語である「お」をとると「新香」となります。新しい香りのする漬物、という意味で、漬かったばかりの新しい漬物を「お新香」と呼ぶこともありました。

鎌倉・室町時代には味噌のことを「香」と呼んでいたことから、味噌漬けを「お新香」と呼んでいたという説もあります。「漬物」には「香の物」という呼び方もあり、これも味噌漬けを呼んでいた言葉が漬物全般をさすようになったといわれています。

ビールと発泡酒と第3のビールってどう違うの?

酒店やスーパーに行くと、「ビール」の棚の近くに、「発泡酒」や「第3のビール」と呼ばれる「その他の醸造酒(発泡性)」や「リキュール(発泡性)」などが並んでいます。一見、これらも「ビール」のように見えますが、「ビール」との違いは何でしょうか?

日本で「ビール」と銘打って販売するには、次のようないくつかの基準があります。

・原材料は、麦、麦芽、ホップ、米、水、トウモロコシ、じゃがいも、こうりゃん、でんぷん、糖類、カラメルのみ。
・原材料のうち、麦芽の使用量が全体の3分の2以上。
・アルコール分が20度未満。

これらの条件を満たしていないと「ビール」と呼ぶことはできません。「発泡酒」や「第3のビール」は、あくまでビール風味の発泡性アルコール飲料なのです。

「発泡酒」は、原料の一部に麦、麦芽を使用しているが、その比率がビールに比べて低いもの。

「第3のビール」と呼ばれる「その他の醸造酒（発泡性）」の原料は麦芽以外で、メーカーによって、エンドウたんぱく、大豆たんぱく、トウモロコシなどさまざまです。

「リキュール（発泡性）」は、発泡酒に別のアルコール飲料（大麦スピリッツや小麦スピリッツなど）を混ぜたものです。この「リキュール（発泡性）」は、「その他の醸造酒（発泡性）」と区別して「第4のビール」と呼ばれることもあります。

そして、「ビール」との大きな違いは、ご存じのとおり価格です。その価格の違いは税率によります。これらのアルコール飲料はビールとは税率が異なるので、価格を安く設定できるのです。

「ビール」より安い「発泡酒」が生まれ、その「発泡酒」の税率が引き上げられたために「第3のビール」が生まれました。日本人の大好きな「ビール」（ビール風味？）を、より安い価格で提供しようという、酒造メーカーの技術の成果といえるでしょう。

では、どれがおいしいか？　これは好みの問題ですよね。

トウモロコシとヤングコーンとジャイアントコーンってどう違うの？

近年、食品ではなくバイオエタノールの原料として注目を集めた「トウモロコシ」。おつまみとしてよく食べる「ジャイアントコーン」は、この「トウモロコシ」が大きくなったものと思っている人はいませんか？

「トウモロコシ」の原産は中南米で、現在では世界各地で栽培されています。

そのなかでも「ジャイアントコーン」は「ペルビアン・ホワイト・ジャイアントコーン」といい、南米のペルーの高地、クスコのウルバンバ地方でのみ育つという貴重な種類なのです。粒が普通の「トウモロコシ」と比べて倍以上大きいのですが、1本の大きさはそれほど違いがなく、実が大きい分、芯の部分が細いのだそうです。

「ヤングコーン」は、サラダなどに使われる、小さな「トウモロコシ」。日本でも栽培しています。日本の「ヤングコーン」は特別な種類ではなく、普通の「トウモロコシ」と同じもの。

「トウモロコシ」は1本の茎から2〜3個の「トウモロコシ」が出てきます。通常はこのうちの一つを残し、大きく育てます。「ヤングコーン」は早摘みされた「トウモロコシ」なのです。茹でてサラダで食べるだけでなく、炒めものや揚げものにしてもおいしい野菜です。

クッキーとビスケットってどう違うの？

「ビスケット」の語源は、ラテン語の「ビスコクトゥス・パニス（二度焼いたパン）」からきているといわれています。ヨーロッパではパンを二度焼きしたものが保存食として食べられており、これが「ビスケット」のルーツといわれています。

「クッキー」の語源は、オランダ語でビスケットやカップケーキを意味する「koekje（クキエ）」。この言葉がアメリカに渡って「クッキー」になったといわれています。

というわけで、「クッキー」と「ビスケット」は同じもの。イギリスでは「ビスケット」、アメリカでは「クッキー」と名前が違うだけなのです。

日本では最初、「ビスケット」と呼ばれていました。明治時代、横浜の外国人居住区でパン屋が「ビスケット」を焼いていたといいます。現在は「ビスケット」という名前も「クッキー」という名前もそれぞれ使われていますが、「クッキー」と呼ぶほうが多いのではないでしょうか。

「クッキー」の名前が優勢になった歴史は新しく、戦後のようです。理由は定かではないのですが、日本がアメリカに占領されたときに、いろいろなアメリカ文化が入ってきたことが理由の一つと考えられます。

おはぎとぼたもちってどう違うの？

もち米と米を混ぜて炊き、軽くついてから丸め、甘く煮た小豆のあんで包んだ「おはぎ」と「ぼたもち」。名前は違いますが、「おはぎ」も「ぼたもち」も基本的には同じもの。季節で呼び名が変わります。

「おはぎ」は漢字で書くと「御萩」となります。萩とは秋に咲く萩の花のこと。そして「ぼたもち」は「牡丹餅」。牡丹は春の花です。春と秋のお彼岸に供える菓子として、秋は「おはぎ」、春は「ぼたもち」というのです。

お彼岸に「おはぎ」や「ぼたもち」を供えるようになったのは江戸時代以降のこと。当時はお彼岸だけでなく、四十九日の忌明《きあ》けにも食べられていたそうです。小豆の赤い色は邪気を避ける色と考えられていたため、先祖に供える菓子として定着しました。

しかし、「おはぎ」と「ぼたもち」には、若干違いがありました。秋は採れたての小豆が使えますから、「おはぎ」には皮もそのまま入れた「粒あん」を、春には皮が固くなっているため、「ぼたもち」には皮をとりのぞいた「こしあん」を使うことが多かったそうです。

今は小豆の品質が安定しているため、「おはぎ」も「ぼたもち」も、粒あんとこしあんの両方が売られています。

また、「ぼたもち」は大輪の牡丹のように大きく、「おはぎ」は萩の花のように小ぶりに作って区別することもあります。

バターとマーガリンってどう違うの？

一番わかりやすい違いは、「バター」が動物性、「マーガリン」が植物性という点でしょう。

もともと「マーガリン」は、「バター」が高価であることからその代用としてつくられた食品で、人造バターと呼ばれていた時期もありました。こういうと「マーガリン」に気の毒な気がしますが、ともあれ、その製法の違いを見てみましょう。

生クリームを密閉した瓶に入れ、しばらく振ると水分と固形物に分かれます。この固形物が「バター」です。「バター」は牛乳の脂肪分を集めたもの。乳製品独特の味と香りがケーキやクッキーなどのお菓子には欠かせません。

「バター」と違って、「マーガリン」を手作りするのは難しそうです。「マーガリン」の原料は大豆油や菜種油など、液体の油脂。油に乳化剤と水を加え、50～60℃の温度で攪拌し、冷やしたものが「マーガリン」となります。冷蔵庫で保存しても「バター」のように固くならないので、使いやすいのが特徴です。

「マーガリン」という名前は、光輝いている、という意味でギリシャ語の「margarites（真珠）」からきているといわれています。19世紀の終わりにバターの代用品としてフランスで誕生しました。当時の「マーガリン」の原料は植物油ではなく、牛脂だったそうです。

スーパーなどで、「マーガリン」ではなく、「ファットスプレッド」と表記されているものもよく見かけます。「マーガリン」は油脂含有率が80％以上、「ファットスプレッド」は80％未満のものをさします。水分が「マーガリン」よりも多いのでさらに柔らかく、チョコレートや果実などが入っているものもあります。

炒り卵とスクランブルドエッグってどう違うの?

「炒《い》り卵」と「スクランブルドエッグ」、どちらも卵を主とした料理で、朝食によく食べられます。この二つもよく似ていますが、名前が違うように、作り方も味も違います。

「炒り卵」は油をひいた鍋で卵を炒って作ります。このときに菜箸を何本か使い、ほぐしながら炒るとうまくできます。卵には火を通しながらも、ふんわりと炒りあげるのが特徴です。

対して「スクランブルドエッグ」は卵に完全に火を通す前の、トロリとした状態に仕上げます。鍋に湯を張り、一回り小さな鍋に卵とバターを入れ、湯煎《ゆせん》にかけて火を通すとふんわり仕上がります。ただし、この方法だとできあがるまでに時間がかかります。フライパンで短い時間で作る際に肝心なのは完全に火を通さないことです。

「炒り卵」は水分が少ないので、お弁当やお寿司など和食に合いますし、柔らかく仕上げた「スクランブルドエッグ」はトーストなどと一緒に食べるのがおいしいものです。

紅茶と緑茶ってどう違うの？

「紅茶」「緑茶」「烏龍茶《ウーロン》」など、茶葉にはいろいろな味や香り、色のものがあります。けれどお茶の味が違うのは、茶葉の種類が違うからではありません。お茶の種類は発酵度によって変わるのです。

茶葉は摘《つ》んだあと、そのままにしておくと自然に発酵していきます。日本で一番飲まれている「緑茶」は発酵していないお茶です。茶葉を摘んだあとにすぐ、蒸気で蒸すなどして火を入れ、揉《も》んで乾燥させたものが「緑茶」。火が入っているので、発酵することはありません。

「烏龍茶」は半発酵のお茶。少し発酵させたあと、火入れをして発酵を止めてあります。そして「紅茶」とは茶葉を完全に発酵させたものなのです。

お茶の原産は中国で、16世紀にオランダ人がお茶をヨーロッパに運ぶようになりました。

イギリス人は「紅茶」をよく飲むことで知られていますが、お茶がイギリスにもたらされたのは17世紀。とくに「紅茶」を好んだイギリス人は、インドを統治していた19世紀、盛んに紅茶を作らせました。現在でもインドはアッサムティを代表とする「紅茶」の主要生産地となっています。

和牛と国産牛ってどう違うの？

「和牛」と「国産牛」は、同じものだと思っている人が多いのではないでしょうか？　しかしこの二つはまったく違うものなのです。

「和牛」とは、日本の在来種と明治以降に輸入された牛とをかけ合わせ、改良した牛の総称です。食用では黒毛和種、褐毛《あかげ》和種、無角《むかく》和種、日本短角種の4種類が「和牛」で、有名な松阪牛や神戸牛は黒毛和種です。

「国産牛」は「和牛」以外の国産の牛をさす言葉なのです。ホルスタインなどの乳牛も「国産牛」です。「国産牛」や「和牛」とその他の品種をかけ合わせた牛も「国産牛」ですし、外国種や輸入牛であっても、国内で3ヵ月以上肥育されていれば「国産牛」とみなされます。

だったら「国産牛」は詐欺《さぎ》ではないか、と言う人もいるかもしれません。けれど「和牛」だけを日本産の牛と規定したら、高額な牛肉、もしくは希少な牛肉だけになってしまいます。

「国産牛」は「和牛」よりも安価で取引されています。「和牛」のブランド牛肉のように味の保証はありませんが、気軽に食べることができる日本の牛肉、と位置づけてみてはいかがでしょうか。

賞味期限と消費期限ってどう違うの？

食品を購入するとき、まず確かめたいのが「消費期限」です。「消費期限」とは、食品を適切に保存した場合、安全に食べられる期日のこと。この日を過ぎると劣化や腐敗など、安全性に問題が出てくる可能性がありますから、食品の「消費期限」は購入前にチェックし、期限がくる前に食べ切りたいものです。

この「消費期限」とよく似た表示に「賞味期限」があります。こちらは食品の安全性ではなく、「おいしく食べられることが保証されている期間」を示しています。「賞味期限」を過ぎても食べることはできますが、食べたほうがよい時期の目安になります。

通常、「消費期限」と「賞味期限」は食品によって、どちらかが書いてあります。

おにぎりやサンドイッチなど、早めに食べたほうがよい食品は「消費期限」、缶詰のように比較的長く置いておける食品には「賞味期限」という分け方をしています。

どちらも開封する以前の状態における目安ですので、開封したら、なるべく早く食べ切るようにしましょう。

中性脂肪とコレステロールってどう違うの？

「中性脂肪」も「コレステロール」も、増えすぎると生活習慣病の原因となるやっかいなもの。どちらも、年をとるにつれて増えていく傾向がありますが、この二つは別のものです。

人間の体にある脂肪は体を動かすエネルギー源や、体温を保つために使われており、人間が生きていくうえで必要なものです。その脂肪のなかで最も多い割合を占めるのが「中性脂肪」です。

栄養の摂《と》りすぎや運動不足などで、使われなかった「中性脂肪」は体内に蓄積されます。中年になるとお腹が出てくるのは、使い切れなかった「中性脂肪」が腹部に溜まるからなのです。

「コレステロール」は血液中や神経や内臓など、体全体に含まれています。

「コレステロール」も「中性脂肪」同様、人間が生きていくうえでは不可欠なもので、細胞膜の成分になり、副腎皮質ホルモンや性ホルモンを作り出すときにも使われます。ただし過剰になると血管壁に沈着し、動脈硬化を引き起こすのです。

「中性脂肪」も「コレステロール」も悪いばかりではなく、人の体には必要なもの。減らすことばかり考えるより、増えないように心がけることが大切です。

善玉コレステロールと悪玉コレステロールってどう違うの？

近年よく聞く、「善玉コレステロール」「悪玉コレステロール」という言葉。これは通称で、正式には「ＨＤＬコレステロール」「ＬＤＬコレステロール」といいます。

「ＨＤＬコレステロール」は体内の余分なコレステロールを肝臓に運んでくれるので「善玉コレステロール」、「ＬＤＬコレステロール」は増えすぎると血管に溜まり、動脈硬化の原因になるという理由で「悪玉コレステロール」といわれるようになりました。

ラードやバターなど、動物性の脂肪に多く含まれる飽和脂肪酸を多く摂ると「悪玉コレステロール」が増えていきます。一方、オリーブオイルや魚に含まれている不飽和脂肪酸は、血液中で固まることがなく体によいといわれます。

けれど、極端に不飽和脂肪酸ばかり摂っていると、「悪玉コレステロール」ばかりでなく「善玉コレステロール」も減ってしまうのです。

コレステロール自体は人間の体に必要なも

のです。生活習慣病予防のためにも、飽和脂肪酸を含んだ食物は控えるべきですが、極端な食生活は、逆に体の健康を損ねることになりかねないので注意しましょう。

酸性とアルカリ性ってどう違うの？

地球上にある多くの物質は「酸性」「アルカリ性」「中性」といった性質をもっています。

「酸性」は酸の性質をもつもので、酢やレモンなど酸っぱいものは、文字通り「酸性」です。「アルカリ性」は「酸性」の対極にあり、重曹《じゅうそう》や炭酸ソーダは「アルカリ性」です。食品では苦いという特徴があります。

これらの性質は、pHという数値を用い、リトマス試験紙で調べることができます。「酸性」と「アルカリ性」の中間を「中性」といい、pH7の数値を示します。7よりも数値が低ければ「酸性」、高ければ「アルカリ性」が強くなっていくということです。

ちなみに、体を洗う石鹸は「アルカリ性」で、肌は「弱酸性」です。石鹸と肌は違う性質なのですが、肌についた汚れの油分やたんぱく質と石鹸のアルカリ成分が結びつくため、落としやすくなり、汚れがとれるという仕組みです。

また炭酸泉など「アルカリ性」の温泉は、肌の角質を柔らかくするため、肌によいといわれるのです。

ノンカロリーとゼロカロリーってどう違うの？

よく炭酸飲料などでうたわれている「ノンカロリー」や「ゼロカロリー」という表示。「ノンカロリー」や「ゼロカロリー」と書いてあるからといって、カロリーがないわけではないことをご存じでしたか？

　健康増進法に基づく基準では、100㎖あたり5キロカロリー未満のものは「ノンカロリー」または「ゼロカロリー」と表示することができます。

「ノンカロリー」も「ゼロカロリー」も名前は違いますが、同じ意味で使われています。どちらも低カロリーであることは確かですが、カロリーがまったくないということではありません。

　砂糖を使っている食品と同じように甘いのに、カロリーがわずかなのは、砂糖よりも甘味度が高く、少量で甘く感じるアスパルテームやスクラロースを使用しているからです。

　同じように、食品表示でよく見かける「カロリーオフ」や「カロリーカット」は100㎖あたり20キロカロリー以下のものをさします。

老眼と遠視ってどう違うの？

　新聞や本を今までより離した距離で持たないと読めなくなる……。典型的な「老眼」の症状です。近くのものが見えにくくなる「老眼」は「遠視」と同じなのでしょうか？

「老眼」も「遠視」も矯正用の眼鏡に凸レンズを使用しますが、まず原因が違います。

　目は、入った光を眼球の水晶体と呼ばれる部分で屈折させ、眼球の奥の網膜に送って像を認識します。

「遠視」は、水晶体から網膜への屈折異常で、焦点距離がなかなか定まらず、近いものや遠いものがよく見えない状態をいいます。「遠視」だからといって、遠い所がよく見えるわけではなく、焦点が定まりにくいことによって、つねに目に負担がかかっている状態なのです。

「老眼」は老化によって水晶体の弾力が失われることで調整異常が起こる状態です。目の老化には個体差があまりなく、誰でも40歳前後から始まります。

「老眼」と「遠視」は、それぞれ「調整異常」「屈折異常」と原因が異なり、見え方も、「老眼」は近くが見づらく、「遠視」は近くも遠くも見づらいという違いがあります。

整形外科と形成外科ってどう違うの？

「プチ整形」などという言葉があるせいか、「整形外科」というと、美しくなるための手術をする病院と思っている人もいるかもしれません。けれど、「整形外科」は本来、美容とはまったく関係がありません。

体の運動器官の病気やケガの予防や治療、矯正を主な目的にしているのが「整形外科」です。骨や筋肉、関節、じん帯や脊髄《せきずい》、神経まで、運動器官にまつわる部分を総合的に扱います。スポーツをしていてケガをした場合に行くのが「整形外科」です。

一方、「形成外科」は、皮膚や外形の変形など、皮膚から人体の浅い部分を治療する外科の一分野です。たとえば、火傷《やけど》やケガで残ってしまった跡の治療は「形成外科」で行われます。障害や変形の治療を目的としているのです。

では、一重まぶたを二重にする、鼻を高くするといった、障害やケガではない、いわゆる美容を目的としたものは、何科かといえば、それは「美容外科」が手がけます。

「美容外科」は「形成外科」の一つの分野に含まれますが、「美容外科」で扱う内容は目的が「形成外科」よりも絞られているわけです。「美容外科」の施術の多くは、病気の治療ではないため、健康保険は適用されず、全額自己負担となります。

接骨院と整体院ってどう違うの？

町を歩いているとよく見かける「接骨院」と「整体院」。この二つは同じものなのでしょうか？

「接骨院」は以前なら「骨つぎ」とも呼ばれていました。接骨は日本古来の伝統的な治療法で、おもに「ねんざ」や「脱臼《だっきゅう》」など関節の故障を治療します。

柔道の道場に「骨つぎ」が多いのは、「接骨」は柔道整復術という柔道の技術を活用した治療法だからです。「接骨師（柔道整復師）」になるには国家資格が必要です。

「整体」は体の骨や関節の歪《ゆが》みやズレを矯正する治療法です。身体の歪みを矯正することで、頭痛や肩こり、または自律神経失調などに効果があるといわれます。こちらは資格がなくても施術することができます。

現在、日本にある「整体院」にはアメリカ発祥の「オステオパシー」や「カイロプラクティック」や、中国医学の流れをくむ「整体」など、いろいろな種類があります。「接骨院」も「整体院」も現在に生きる民間療法なのです。

X線とレントゲンってどう違うの？

「X（エックス）線」も「レントゲン」も健康診断などでよく使われる言葉です。

「X線」は電磁波の一種で、この光線を使って撮影すると、骨など人体内部の写真を撮ることができるので、内部の病気やケガの状態を確認できます。この「X線」は別名「レントゲン線」ともいい、「X線」を使った写真を「X線写真」、または「レントゲン写真」とも呼びます。

なぜ、同じものに二つの名前があるかというと、「レントゲン」とは「X線」を発見した博士の名前なのです。

1895年、ドイツの実験物理学者であるヴィルヘルム＝コンラート・レントゲン博士は、目に見えない光線を発見し、学会に発表しました。「X線」という名前はX＝謎、という意味で命名されたものです。発見した当時、まったく謎の光線だと考えられていたのです。

レントゲン博士はこの発見で、第1回のノーベル賞を受賞しています。そして「X線」も「レントゲン」も同じものをさす言葉として、両方使われるようになったのです。

体温計と寒暖計ってどう違うの？

今では「体温計」は電子式になってしまい、かつて一般家庭の柱にかかっていた「寒暖計」も見かけなくなりました。以前はどちらもガラス棒の中に入っている液体の上下で温度をはかっていました。

あの「寒暖計」を腋《わき》にはさんで体温をはかることはできないのでしょうか。また、「体温計」と「寒暖計」はどう違うのでしょうか。

一般の「寒暖計」のガラス棒に入っている赤い液体は、色をつけたアルコールか灯油です。寒暖による膨張率で気温を示します。

一方、「体温計」のガラス棒に入っているのは水銀です。温度が上がると膨張する水銀の性質を利用しているわけですが、アルコールや灯油に比べて膨張率が低く、そのぶん正確に計測できます。

「体温計」は「寒暖計」と違っていったん上がると、手で持って振らなければ下がりません。これは、水銀の粘性の高さを活用し、水銀だまり(体温計の下の細い部分)の出口に細いくびれを設けて、逆流を防いでいるからです。これで正確な体温がはかれるわけです。「寒暖計」を腋にはさんで体温をはかっても、腋から外すとすぐに気温に反応してしまいますから、正確な体温ははかれません。

ちなみに水銀体温計の目盛りは42℃まで。なぜかといえば、体温が42℃を超えると生命の維持が困難になるからで、これは熱をはかっている場合ではありません。

現在は水銀体温計に代わって、電子体温計が主流になっていますが、どちらも腋や口、耳などに入れて使うのが一般的。なぜかというと、体内の温度は一定ですが、体の表面は場所によって多少、体温に差があります。体内の温度と近いのが腋、口の中、耳の中といった部分なのです。

紫外線と赤外線ってどう違うの?

人間の目で太陽の光を見ても、ただ「光」としかとらえることができません。けれど、太陽光にはいろいろな光が含まれており、「紫外線」や「赤外線」というのも、そのうちの一つです。光にはそれぞれ波長があり、特性も違います。

「紫外線」はUVとも呼ばれ、夏の太陽光線に多く含まれます。目に見える光よりも波長が短いので、肉眼で見ることはできません。「紫外線」は肌にとっては大敵で、日焼けするだけでなく、老化を促進させ、皮膚がんの原因にもなります。

「赤外線」も太陽光に含まれていますが、紫外線同様、目には見えません。ものを暖める効果が高く、コタツなどの電化製品にもよく使われています。また、空気中の透過力が高いため、「赤外線」を使うと、遠方や暗い場所でも撮影することができるのです。

ちなみに「遠赤外線」というのは、「赤外線」のうち、波長の長い電磁波の部分をさします。この電磁波も暖める効果があり、物質への浸透にも優れているので調理や消毒に使われます。

日射病と熱中症ってどう違うの？

最近「日射病」という言葉が聞かれなくなり、テレビのニュースなどでは「体育の授業中、生徒が熱中症で倒れ、病院に運び込まれました」などと言います。

「日射病」と「熱中症」は、どちらも夏になると多発し、重症になると命を落とすこともある危険な病気です。では「日射病」「熱中症」とはどのような病気なのでしょうか？

じつは、「日射病」は「熱中症」の一つと考えられています。

「熱中症」は高温の環境で激しい労働やスポーツをしているときに、熱が外に十分に放散されずに、体内にたまることによって起こります。体温が上昇し、体温調節機能が失われ、めまい・吐き気・頭痛・意識障害などを引き起こします。

この「熱中症」の一つとして、太陽の直射を原因とするものが「日射病」です。

なお、冬に暖房の効きすぎた部屋で厚着をしているときなどに発生する症状もあります。これは「熱射病」といいます。

このような高温多湿の環境で起こるさまざまな体の障害は、医学的にも明確な分類が難しく、そのため、総称として「熱中症」という言葉が使われるようになったわけです。

ランニングとジョギングってどう違うの？

「ランニング」も「ジョギング」も生活習慣病の予防として有効な運動といわれていま す。この二つの違いは何でしょうか？

「ランニング」と「ジョギング」の違いは、スピードにあります。「ジョギング」とは、無理のない程度の速度で走ること。「ランニング」は「ジョギング」よりも速いスピードで走ることをさします。

どのくらいの速さかというと、一般的に「ジョギング」は会話ができるくらいの速さ、といわれます。「ランニング」はもっと速いスピードで走るため、息も上がっており、会話をするのが難しくなります。

近年、注目されているのは「ジョギング」です。息が上がることなく走ることによって有酸素運動になるからです。有酸素運動をすることによって、心肺《しんぱい》機能があがり、血液の循環もよくなります。脂肪の燃焼もよくなるため、ダイエットにはとても有効だといわれています。

早足で歩く「ウォーキング」も有酸素運動になりますから、無理して速く走るよりも、ゆっくりマイペースで行くほうが体にとってはよいことがあるのです。

第5章

仕事編　知らないと恥ずかしい！

会長と社長ってどう違うの？

どんな会社にも「社長」はいますが、「会長」は、いる会社といない会社があります。いったい「会長」って何をする人なのでしょうか？

大きな会社の場合、「社長」がその職を退《しりぞ》くと「会長」に就任するケースが多々あります。「社長」の次に副会長になり、その次に「会長」になる会社もあります。

一般に「会長」は、まだ会社を引退したくない「社長」のためのお飾り役職というイメージがありますが、会社の記者会見や株主総会で説明したり、経営会議で意思決定をしている「会長」もけっこういます。

では、「社長」と「会長」とでは、どっちが偉いんでしょうか？　答えは、「社長」や「会長」という肩書きではなく、代表取締役が一番上に位置します。

商法では、会社は代表取締役を1人以上選出することになっており、この代表取締役が経営執行の責任を負います。したがって、代表取締役であれば肩書きなしでも一番上となるのです。

「社長」や「会長」などの役職名はあくまでもその会社の都合で決められたもの。代表取締役も複数人就任できるため、実際に誰が偉いのかは会社のなかに入ってみなければわかりませんが、代表取締役の人が偉いとみるのが正解。とはいえ通常、代表取締役でない「社長」はあまり存在しませんが。

会長と名誉会長ってどう違うの？

社長が「会長」になった次に、「名誉会

長」に就任する事例があります。

この「会長」と「名誉会長」では、その言葉の響きから「名誉会長」のほうが偉そうに思えます。しかし、「名誉会長」というのは職位ではなく称号のため、実質的な権限はまずないとみていいでしょう。

では、どのような人が「名誉会長」になるかというと、社長や「会長」として長年、その組織に多大な貢献をしてきた人に与えられるのが通例です。

会社だけでなく、スポーツの世界では長嶋茂雄元巨人軍監督が現在は、終身名誉監督となっています。一般には、組織の礎《いしずえ》を築いた象徴的なトップが引退後に「名誉」という称号を与えられるようです。

名誉職でよく耳にするのは大学教授ではないでしょうか。名誉教授は、一般に教授職を5～10年務めてから定年退職し、功労や功績があると授与される称号です。なかには、大半の定年退職した教授に授与する大学もあります。

役員と執行役員ってどう違うの？

契約書などの書類の職業欄に「会社役員」という表記を見ることがあります。これは取締役や監査役の意味です。

実際の肩書きでいうと、役員とは取締役や専務取締役などですが、最近の大手企業では「執行役員」という肩書きが増えています。

では、「執行役員」と単なる「役員」では、どちらが上なのでしょうか？　一見、文字数が多い「執行役員」が偉そうに思えますが、序列でいうと「役員」のほうが上です。

「役員」は法律で定められた取締役で、その任命は株主総会の承認によって行われるのに対し、「執行役員」は法律の定めがない、部長や課長と同じ一般社員の肩書きなのです。

「執行役員」は、一般社員といっても、会社の業務執行を行う幹部社員です。では、ふつうの「役員」と何が違うのでしょうか。

簡単にいうと、法律上の責任があるかないかの違いで、「営業統括担当取締役」と「営業本部執行役員」は、ともに営業部門全体を統括する同じ業務を担います。

「執行役員」の制度を1997年に初めて導入したのはソニー。「役員」は統括部門よりも、もっと全社的な視点をもつ少人数に絞り、各部門は「執行役員」に任せるという取締役改革の一環として導入されました。今日では、「役員」ではない役員待遇の社員に与える肩書きといったイメージになっています。

常務と専務ってどう違うの？

日本の会社の役員の序列で、けっこうわかりづらいのが「常務」と「専務」の違いです。「常務」や「専務」という肩書きは、会社法で定められたものではないので、その厳密な区別は各社でマチマチというのが現状です。

一般的な序列でいうと、上から、社長・副社長・専務・常務・取締役。

仕事でみると、「専務」は会社の業務全体を管理し、社長を補佐する役割。これに対して「常務」は、販売・総務など会社の日常的業務を管理し、社長を補佐する役割。この違いから「専務」のほうが「常務」より上と認識されます。

実際、パナソニックの役員構成を見てみる

と、常務取締役が5名、代表取締役専務が4名。「専務」には会社法で定める責任範囲の大きい代表取締役が付いており、明らかに常務より格上です。

「常務」には営業統括などの部門名が付くケースが多いようです。「常務」から「専務」に昇格すると、社長のように守備範囲が広くなるわけです。

専務と副社長ってどう違うの？

「専務」は「常務」より格上ですが、ではその上の「副社長」との違いは何でしょう？

「副社長」の定義は、社長を補佐する役割で、基本的に「専務」と変わりません。したがって、「専務」が「副社長」になると、実際の業務内容が変わるということもほとんどないようです。

しかし、大企業で「副社長」に昇進するのは大きな意味があります。

それは、次期社長候補のリストに入ったという意味です。そのため「副社長」は数名おり、そのなかから社長として、もっともふさわしい人が次期社長に選ばれるのです。

また、社長が病気で倒れたときなどに社長を代行するのも「副社長」の役割です。

しかし、最近はそのような序列昇進は時代遅れになりつつあります。次期社長を社外取締役も含めた取締役会での話し合いによって決めるケースや若返りを目的に平取《ひらとり》を選ぶケースが増えています。

ちなみに、外資系企業の「バイス・プレジデント」というのは、直訳すると「副社長」となりますが、社長の次に偉い役職ではありません。ディレクター（本部長）の下の肩書きで、日本でいうと副部長や次長に当たります。

重役と平取ってどう違うの？

「わが社の重役」と言ったら、誰を思い浮かべるでしょうか？　社長と言う人もいれば役員と言う人もいるでしょう。

「重役」とは代表取締役や取締役のような法律上の役職名でもなく、会長、社長、専務のように企業で決められている役職名でもありません。

もともと「重役」とは、重い役目のある役職の人のことで、江戸幕府や諸大名の老中、若年寄、家老などを語源とします。今日の一般企業では、重役会議や重役室は、取締役会や役員室と同じ意味なので、取締役や監査役以上のことをさすのが一般的です。

かつては朝出勤する社員を尻目に、お昼近くに悠々出勤することを「重役出勤」といいました。「重役はいいよなあ」と羨望《せんぼう》と揶揄《やゆ》を込めた言葉です。

一方、「平取」というのは、取締役のなかで社長や専務などの役職がない人をいいます。取締役のなかでは下っ端という揶揄が込められると、本来の「平取」が「ヒラ取」と書かれたりします。

晴れて役員になったばかりの人が、「役員就任おめでとうございます」と言われ、照れ隠しから「いやいやヒラ取だから」と返したりします。

ちなみに、「平取」に対して、社長や専務などは「役付《やくづき》」という言い方をすることもあります。

子会社と関連会社ってどう違うの？

「うちの会社は大手の○×社の関連会社だから信用はバツグンですよ」などというセールストークを聞いたりしますが、「子会社」と「関連会社」の違いは、意外にわかりづらいものです。

親会社の株式が少しでも入っていれば「関連会社」といえそうですが、会計上は20％以上の株式を保有するのが「関連会社」の定義です。

ただし、20％未満でも人事や技術、取引などを通して実質支配している場合は、「関連会社」に含まれます。

これに対して51％以上の株式を保有すると、「子会社」となって、１００％だと完全子会社という言い方をします。

ただし、親会社の株式が40％台であっても、取締役会のメンバーの過半数が親会社の関係者であったり、関連する会社の資金のうち過半数が親会社の融資であったりすると、やはり「子会社」に該当します。

なぜ、このように細かく決められているのかというと、上場企業にはグループ全体での連結決算が義務付けられているためです。

ここでグループの対象となるのは、51％以上の株をもつ「子会社」と、さらに50％以下でも事実上支配下にある会社はすべてということになります。

会社の設立と創業ってどう違うの？

会社紹介の社歴欄を見ると、「創業○年」や「設立○年」という表記があります。

ともに会社がスタートした年という意味ですが、両者には違いがあります。

「創業」とは創設者が事業を始めた年のことで、「設立」とは法務局に会社の法人登記が行われた年のことです。

　現在は、会社法が変わり、資本金1円でも株式会社がつくれますが、昔はかなりまとまったお金がないと、会社の法人登記ができなかったため、創業年と設立年がズレている会社も多くあるのです。

　たとえば、パナソニックは松下幸之助氏がゼロからつくった巨大企業ですが、社史からその歴史をたどると「創業」は1918年。この年、松下電気器具製作所を「設立・創業」したとありますが、自宅の1階を工場に改修し、幸之助氏と妻と義理の弟の3人で始め、まだ登記はされていません。

　では、正式な「設立」はいつかというと、1935年。この年、松下電器貿易株式会社が登記され、同年に松下電器産業株式会社に改組されています。

　ちなみに、ソニーには「創業」がなく、1946年に「東京通信工業株式会社」として登記されたのが始まり（設立）となっています。

同族会社と非同族会社ってどう違うの？

　以前、大阪の船場吉兆《せんばきっちょう》で食材の偽装が明るみに出て、社長の女将《おかみ》とその息子の専務が謝罪会見をしました。

　このような、親子や一族が経営する会社を「同族会社」といいますが、法律では、上位3人の大株主が株の50％以上をもつ会社、あるいは同族者が株の50％以上をもつ会社と定義しています。逆にいえば、上位3人で49％以下の会社は「非同族会社」となります。

　この定義だと、創業者の社長やその奥さんが役員に名を連ねるほとんどの零細企業や中小企業が「同族会社」の定義に当てはまります。

しかし、大企業であっても「同族会社」と呼ばれる会社があります。世間的な「同族会社」の定義は少し異なります。

典型的な「同族会社」は、代々社長が息子に会社を継がせている、社長の息子が若くして役職についている、社長の奥さんも経営者の一員として働いている、などです。

このような同族経営は、ふつう会社が大きくなるにつれ解消するものですが、サントリー、ロッテ、竹中工務店など大企業でも「同族会社」は存在します。これらはいずれも非上場。大企業になっても株式を公開・上場しないというのも「同族会社」の特徴です。

同族＝ワンマンというイメージがありますが、一族経営のもとムダな派閥抗争などが起きにくいなどメリットもあります。

親会社と持ち株会社ってどう違うの？

昨今、「〇〇ホールディングス」という社名をよく見かけます。たとえば、セブン＆アイ・ホールディングスやサッポロホールディングスなど。

このホールディングスというのは「持ち株会社」のことで、１９９７年に設立が解禁されました。「持ち株会社」のもと、これまでの本社事業部や関連会社が各グループとして傘下に入ることで、グループ経営の効率性や透明性が上がるとされています。

では、以前の「親会社」との違いは何でしょうか？

法律でいうと、50％以上の株式をもっていたり、事実上支配関係にあると、支配下にある会社を子会社、支配する会社を「親会社」

と定義します。

「持ち株会社」も50％以上の株をもっています。ですので、「親会社」という扱いになります。つまり、傘下企業から見ると、ホールディングスは「持ち株会社」であり、「親会社」でもあるとなるわけです。

ちなみに、「持ち株会社」には、事業を行わない純粋持ち株会社、事業と支配を両方行う事業持ち株会社、金融持ち株会社の3種類があります。

このため、事業を行わず支配だけを目的とする会社を「持ち株会社」、事業も行っている会社を「親会社」と呼ぶのが一般的になっています。

不況と恐慌ってどう違うの？

2008年、アメリカではサブプライムローン問題に端を発して、リーマンブラザーズやベアスターンズという大手証券会社が破綻《はたん》。不況が進み、職を失う人、自己破産する人が目立って増えました。この金融危機はさらに、ヨーロッパ、アジア各国に波及、日本でも、トヨタをはじめとして企業業績が急激に悪化しました。

このような状況は「不況」というのでしょうか？　それとも「恐慌」？

「恐慌」とは、企業と個人の活動が壊滅的な状況に陥る状態で、銀行と大手企業が次々に倒産し、街には失業者が溢れます。1929年の世界大恐慌時、その震源もとのアメリカでは全銀行が営業を停止し、失業率は25％に達しました。

翻《ひるがえ》って、サブプライムローン問題に揺れた2008年のアメリカの失業率は6％台。「恐慌」というよりも、「不況」が深刻になってきた状態です。

「恐慌」は世界各国に伝播するものです。そうならないように、世界各国の首脳や財務関係者が結束して知恵を出すことが求められるわけです。

GDPとGNPってどう違うの？

ＩＭＦ（国際通貨基金）では毎年、「国際的な金融不況の影響で、来年度の先進国の経済成長率がマイナスになる見込み」などと発表します。

この経済成長率とは、一国のモノやサービスの生産総額の伸び率をさし、具体的には「ＧＤＰ」と「ＧＮＰ」という指標であらわされます。

「ＧＤＰ」は国内総生産、「ＧＮＰ」は国民総生産のこと。個人に当てはめると、どちらも年収の毎年ごとの伸び率のことで、去年５００万円の人が今年５５０万円になると、プラス10％となります。

「ＧＤＰ」は、日本国内で企業が生産した分で、「ＧＮＰ」は日本企業や日本人が海外で生産した分も含めた統計です。

バブル時代のころまでは経済成長率というと「ＧＮＰ」が使われましたが、最近は政府統計では「ＧＤＰ」に統一されています。日本企業といっても、海外で生産しておもに海外で販売する現地法人が増え、その分は日本経済の成長とは異なるので当然でしょう。

代わりに、「ＧＤＰ」では日本国内で活動する外資系企業の生産高が含まれます。ちなみに、日本の「ＧＤＰ」と「ＧＮＰ」では年約５兆円の差があるとされています。日本は海外生産と販売が多いメーカー大国なので、「ＧＮＰ」のほうが大きいわけです。

２０１０年のＩＭＦレポートによると、日本の「ＧＤＰ」は５兆４５９億ドルでアメリカ、中国に次いで世界第３位です。

パートとアルバイトってどう違うの？

求人誌を見ると、「アルバイト募集」と「パートさん募集」という表記があります。

一般に、「アルバイト」は学生やフリーターがするもの、「パート」は主婦がするものというイメージがあります。実際には、どのような違いがあるのでしょうか？

わかりやすく区別すると、「アルバイト」は短期労働、「パート」は「パートタイム」を略した言い方で短時間労働のことです。

たとえば、百貨店では繁忙期のお中元やお歳暮の期間だけ発送を補助するスタッフを雇いますが、これは「アルバイト」。

また、スーパーが毎日夕方から夜にレジ打ちする人を雇いますが、これは「パート」。「アルバイト」は数ヵ月以内、「パート」は半年から1年以上の勤務を前提にしているようです。

このように「パート」は長期労働なので、1日の勤務時間が短時間でも健康保険や有給休暇が与えられます（与えていない会社もありますが）。長期ゆえの待遇差が「アルバイト」との違いといえます。

もっとも「アルバイト」でも1年以上働くケースは、健康保険などに加入することになっています。こう見ていくと、厳密な区別はなくなってしまいます。結局、企業が採用するときに短期を期待するか、長期を期待するかの違いといえそうです。

自営業と自由業ってどう違うの？

「自営業や自由業って、会社の規則に縛られることもないいし、うるさい上司に気を遣わなくていいし、うらやましい」なんて思っているサラリーマンは多いでしょう。

この「自営業」と「自由業」ってどう違うのでしょうか。

職業として「自営業」と「自由業」の違いは意外に知られていません。「自営業」は、一人社長あるいは小さな会社の社長、「自由業」は、作家などのクリエイティブな職業を想像するのではないでしょうか。

厳密にいうと、自営業者とは個人事業主のこと。つまり、会社をつくらないで事業を行っている人すべてのことです。ですから、社員は自分一人でも、会社を登記している人は「自営業」ではなく、会社経営が正式な職業です。

では、「自由業」はどのような職業でしょうか。確定申告の手引を見ると、「医師、弁護士、作家、俳優、野球選手、外交員、大工など」と書かれています。通常の営業を伴う職業、漁業、農業以外は「自由業」という扱いです。

一方、辞書では「自由業」は、「時間や雇用契約にしばられない職業」と定義されています。これらからは、特定企業と契約を結ばずに事業を営む個人事業主が「自由業」といえそうです。自分の才能で勝負！　といえばかっこいいですが、自由なぶんだけ不安定な職業ということもいえるようです。

税理士と公認会計士ってどう違うの？

商店街やオフィス街でよく見かける「○×会計事務所」や「×○税理事務所」。前者は「公認会計士」の事務所、後者は「税理士」の事務所と思えますが、必ずしもそうとは言えません。「税理士」が会計事務所、「公認会計士」が税理事務所の看板を掲げているケースもあるからです。

そもそも、「税理士」と「公認会計士」の違いとは何でしょうか？

「税理士」はその名の通り、税務に関する専門家で、企業が税務署に出す税務申告書類の作成、そのほか税務業務の代行、税務相談を行います。

これに対して「公認会計士」は、おもに企業の監査を行う専門家。監査とは、企業の決算書の中身が正しいか、適切かをチェックし、適切である旨の証明書を出す業務です。

この監査は上場企業と、資本金5億円以上あるいは負債額200億円以上の大企業はすべて受けなくてはいけません。この監査業務を行えるのは「公認会計士」の資格をもつ人で、「税理士」には行えません。

このように、監査と、税金の申告書を作成する税務はまったく異なる業務ですが、「公認会計士」は税理業務を行うこともできます。このため、監査法人を辞めた「公認会計士」が税理業務を行う事務所を始めることが多々あり、「公認会計士」と「税理士」の区別が混乱する要因にもなるのです。

行政書士と司法書士ってどう違うの？

法律を扱う資格といえば、その代表は弁護

士ですが、ほかに「司法書士」と「行政書士」があります。ともに、法律関係の申請や手続きを代行するのが業務ですが、どんな違いがあるのでしょうか？

端的にいうと、「司法書士」はその名の通り、おもに裁判所と法務局への手続きを行います。一方、「行政書士」はおもに官公庁への手続きを行います。

一般に、国家資格の業務内容は、その手続き先を見ると、わかりやすくなります。弁護士は裁判所、税理士は税務署、弁理士は特許庁、そして「司法書士」は法務局、その他の自治体や警察署などが「行政書士」という区別になっているわけです。

私たちがお世話になる具体的な業務で見てみると、「司法書士」は家を買ったときの登記、自宅の所有権移転の登記、相続登記、会社をつくるときの設立登記など。

「行政書士」が担当するのは、官公庁に提出する書類なので挙げていくとキリがありませんが、飲食業や建設業などの営業許可、車庫証明、自動車登録申請などがおもな業務です。ただ、申請先が法務局でも帰化申請は「行政書士」もできるなど例外もあります。

戦略と戦術ってどう違うの？

「仕事には戦略がなくてはいけない」とか「戦術にすぐれた人は仕事ができる」などといわれますが、意外と「戦略」と「戦術」の違いってわかりにくいものです。

「戦略」という言葉は、経営戦略やキャリア戦略など、ビジネスで多用されますが、もともとは軍事用語で、勝つために兵力を総合的、あるいは効果的に運用する理論や技術をいいます。

「戦術」も同じく軍事用語で、戦闘において任務遂行のための兵力の分散の仕方や具体的な戦い方のことをいいます。

現代では、「戦略」は、目標を達成するためのシナリオのことであり、「戦術」はその戦略を実行するための作戦や具体的な手順や計画です。

企業において、「戦略」と「戦術」の違いを知るよい例がパナソニックの創業理念です。創業者の松下幸之助氏が立てた、「貧乏を克服するためにすべてのモノを水道のように安価で豊富に生産する」という理念は「戦略」に当たります。そして、そのための系列販売店網の整備が「戦術」に当たります。すぐれた戦略が画期的な戦術につながり、大成功した例です。

外注とアウトソーシングってどう違うの？

ただでさえビジネス用語には横文字言葉が多くて閉口しますが、新しく使われ始めた用語が、どうも以前から使われている日本語をカタカナ言葉に置き換えただけではないかと思えることがあります。

「アウトソーシング」もその一つ。「外注」というのではだめなのでしょうか。

「外注」は、外に注文すると書きますが、意味は外部に委託することです。

もともと「外注」は、会社の清掃業務や社内食堂の運営など会社の本業ではない業務や、繁忙期など人材が必要なときに派遣会社にアルバイトの派遣を頼むなどのケースが大半でした。

しかし、最近では営業業務の一部や社員の

給料計算事務などを外部に委託する企業が増えています。

たとえば、コンピュータメーカーではコールセンター業務を専門業者に委託しています。自社商品の使い方の説明なので社員がやったほうがいいように思えますが、大量の電話がかかってくるので専門業者に委託したほうが効率がよいわけです。

このように、効率やコストを比較して、本来業務の一部を外部委託することを一般に「アウトソーシング」と呼びます。

一般に、「外注」は本業以外の業務の外部委託、「アウトソーシング」は本業に関連する業務の外部委託といえそうです。

広告と宣伝ってどう違うの？

テレビＣＭをはじめ、新聞の折り込みチラシ、町なかの立て看板など、「広告」は身の周りに溢れています。

こうした、企業が自社商品や会社そのものを広く知らせるための方法は「広告」だけではありません。企業が大衆に商品を知ってもらおうとする活動を「宣伝」（プロモーション）といい、その方法は「広告」以外では、店頭での実演販売や無料サンプルの配布などのキャンペーンがあります。

こう考えると、「広告」は主にマスメディアを使った「宣伝」の方法だとわかります。

かつて「宣伝」はプロパガンダ（政治団体が思想を大衆に流布すること）の和訳でしたが、昭和になってから企業が自社商品の名を広める部を宣伝部としてから、今では企業の活動をさすようになったわけです。

昨今、企業の広告宣伝活動といえば、インターネット広告が伸びていますが、このような企業広告の起源は、なんと3000年も前に遡ります。

紀元前1000年ころの古代エジプトで、ある織物師が「逃げてしまった奴隷を捕まえてくれた人にはお礼をする」と書かれたチラシを広く配ったそうです。広告というより、捜索願いですが、これが企業広告の第一号とされています。

輸出と移出ってどう違うの?

「輸出・輸入」といえば、貿易によって他国と商品の売買をすることです。

関税用語では、「輸出」は内国貨物を外国に送り出すこと、「輸入」は外国貨物を本邦に引き取ることと定義されます。要するに、外国とのモノのやり取りのことです。

日本は原材料を海外から「輸入」し、国内で加工して「輸出」するという貿易立国なので、「輸入」と「輸出」なくして日本経済は成り立ちません。

これに似た言葉で、「移出・移入」という表現があります。「輸出」は外国を対象にし、「移出」は国内の他県を対象にします。

都道府県の経済統計を見ると、「移出」は、県外に流出した商品と県外居住者の県内での消費支出の合計、「移入」は県外から流入した商品と県内居住者の県外での消費支出の合計として出てきます。

つまり、「移出」「移入」は、ある県の内国貿易をあらわすときに使う言葉なのです。最近の統計では、東京など大都市圏は移出超過、過疎が進む地方圏は移入超過です。

「移出」が多ければ、それだけ県内に競争力のある産業が多いということなので、県民所得も税収も増えます。このため、地域再生では移出力のある工場などを誘致することに力点が置かれるわけです。

社債と株ってどう違うの？

企業が発行するのは「株」だけではありません。「社債」というものもあります。

「株」は証券取引所で売買され、日々価格が変動します。これに対して「社債」は、金利（利子）が設定されており、購入すると、償還期限に利子がついて戻ってくるしくみです。

「株」は、会社の業績が落ちると投資額が目減りし、倒産すると紙屑《かみくず》同然になるリスキーなものです。しかし、「社債」は償還日（多くは3年後）に確実に利子がついて戻ってきます。たとえ会社が倒産しても、返済の優先度が高いため、「株」より安全です。

「社債」は誰でも証券会社で購入できますが、いつ発行されるかはわからず、発行時の申込期間にしか買えません。

ただ、いつでも買える「社債」があります。「転換社債」という、取引所に上場している企業が発行する「社債」です。転換社債は「株式」に転換する権利が付いた「社債」で、株が値上がりしたときには転換権を行使して株式に換えてもいいし、株が上がらないときには「社債」のまま保有して利子を受け取ることができるという商品です。なお、転換社債は一度株式に転換すると、社債には戻せません。

レンタルとリースってどう違うの？

レンタカーは昔からなじみがありますが、最近は、個人が自動車を「リース」で利用する形態が増えています。「レンタル」と「リース」ではどこが違うのでしょうか？

まず企業が利用する「レンタル」と「リース」の違いで見てみましょう。

工事現場ではクレーン車をよく見ますが、この大半は建設会社がレンタル会社から「レンタル」したものです。

クレーン車は数千万円もするものですが、改装工事などで使うのはわずか数日だけ。そこで、「レンタル」したほうが安上がりなわけです。

このように、「レンタル」は、使用回数が限られているのに、購入代金が高いものに対して使われるのが一般的です。

これに対して、「リース」は使用期間が長いのが特徴。企業が使うパソコンや車がよく対象になります。「レンタル」と異なり、新品を3年以上の期間で「リース」します。

私たちが車を使う場合、月に数回程度なら「レンタル」を検討し、それ以上なら「リース」か「ローン」での購入を検討することになるでしょう。では、「リース」と「ローン」ではどちらが得でしょうか？

「リース」は3年後の契約終了時に残存価格を購入価格から差し引くため、同じ3年の「ローン」で買うよりも月々の返済はかなり安くなります。しかし、3年後に返却しなければならず、この段階で買い取ると結局、「ローン」で購入したのと同程度の支払額になるようになっています。

「レンタル」は特別に使うときだけ。「リース」は3年程度使うときに「ローン」購入より月々の支払いが安くなるわけです。

日経平均とTOPIXってどう違うの？

「日経平均　暴落　○○円安」などというニュースが新聞の一面に出ます。何やら経済の大事件といった雰囲気が伝わってきますが、そもそも「日経平均」って何でしょうか？

この「日経」は、日本経済新聞社の略です。ニューヨーク証券取引所の「ダウ平均」という言葉を聞いたことのある人も多いでしょう。これは経済通信社のダウ・ジョーンズ社が取りまとめているものですが、これに日本経済新聞社がならって始めたのが「日経平均株価」です。

「日経平均株価」は、東京証券取引所の一部に上場している約１７００社のうち、トヨタやソニー、みずほフィナンシャルグループなど各業界から取引高の大きな２２５銘柄を選び出し、その株価の平均値を示したものです。全銘柄の平均値ではありません。

これに対し、東京証券取引所では「ＴＯＰ《トピッ》ＩＸ《クス》」（東証株価指数）を発表しています。

「ＴＯＰＩＸ」とは、東証一部に上場する全銘柄の時価総額の伸び率をあらわす指標です。時価総額とは株価×発行株数で、その会社の企業価値をあらわします。

「ＴＯＰＩＸ」は、１９６８年1月４日を起点（１００）としています。その計算方式はさまざまな調整が行われ複雑ですが、現在（12年６月４日）は６９６ポイントですから、理論上は約7倍に成長したといえます。

ちなみに、バブル時代の最高値は２８８５ポイントもありました。

年収と年商ってどう違うの？

ワイドショーなどで流される「社長の自宅訪問」。「年商10億円、自宅は芦屋の豪邸！」などと紹介されたりします。

ずいぶん稼いでいるなと感心しますが、日本の会社員で年収が10億円もある人は大企業のトップでもまずいません。

では、テレビの10億円社長は本当に10億円も収入を得ているのでしょうか？　じつは、「年商」と「年収」ではずいぶん差があるのです。

基本的に「年商」とは、会社の総売上げのことで、「年収」は個人の給料や報酬のこと。

会社経営者の場合、会社の総売上げから経費や借金返済、従業員や役員報酬などを引いて、会社の利益を計算します。

というわけで、年商10億円と社長の収入である役員報酬（年収）はまったく別。経費がかさんで「年商」は高くても、「年収」は数百万円ということも実際はよくあるのです。

テレビでは、本当の「年収」である役員報酬は非公開にしたいため、代わりに「年商」を公開するわけです。

では、サラリーマンの場合は、年間の給料とボーナスの合計を「年収」というのでしょうか？　正確には、給料とボーナスの合計に加えて通勤交通費などの支給額、それに個人の預貯金の金利や配当金、その他不動産収入などを含めた額を「年収」といいます。

この額から税金や保険料を引いたものが手取り年収です。

給料は少なくても親から相続した不動産の収入があって、「年収」は社長より多い、なんて平社員もいるわけです。

給与と給料と賃金ってどう違うの？

会社員は会社から支給されるサラリーを「給料」と呼んでいますが、世の中には似た意味で「給与」と「賃金」という言葉もあります。

「賃金」という言葉の登場は明治時代まで遡ります。当時は工員（ブルーカラー）に支払う月給のことを「賃金」と呼び、ホワイトカラーや役人の月給を俸給《ほうきゅう》と呼んで区別していました。しかし、戦後になってその区別が曖昧になったことから、労働法ではサラリーは「賃金」で統一することになりました。

つまり、「賃金」とは、月給、ボーナス、手当てなど会社から受け取る報酬すべての意味です。しかし、この「賃金」とは別に、所得税法や公務員法に「給与」と「給料」という用語が出てきます。

公務員法では、「職員に支給する給与のうち、基本給を給料と呼びその額は条例で定めなければならない」とあります。

また、所得税法では「給与所得とは、俸給、給料、賃金、歳費、賞与並びにこれらの性質を有する給与に係る所得をいう」と給与を定義しています。

一般企業では、「給与」と「給料」の違いは厳密には区別されていないのですが、これらの法律から、月給やボーナスなどの固定的な報酬が「給料」で、これに特別な手当てや現物支給などすべてを含めたものが「給与」とふつうは解釈されるようです。

公的年金と企業年金ってどう違うの？

国民年金の記録が消えたり、厚生年金の記録が改竄《かいざん》されたりと、年金が深刻な問題になっています。

この国民年金と厚生年金は、ともに「公的年金」と呼ばれます。会社員を対象とした厚生年金は、国の機関である社会保険庁が企業から給料額に応じて社員分の掛け金を徴収し、給付するものです。

この「公的年金」とは別に、企業が独自に運営する年金が「企業年金」です。企業が独自につくった年金制度なので、サラリーマン全員にあるわけではありません。生命保険協会のデータによると、加入者数は約１２４１万人（２０１２年３月末現在）。ある程度、規模の大きい企業では「企業年金」があるといったところでしょう。

「企業年金」には大きく二つの種類があります。

一つは「確定給付型」といわれるもので、厚生年金基金や確定給付企業などです。会社がまとめて運用し給付額を保証します。もう一つは「確定拠出型」で、いわゆる日本版４０１ｋ。運用先を各社員が決めて、その運用額が将来支給されます。

所得税と法人税ってどう違うの？

税金に関する用語ってわかりにくいもの。稼いだお金には「所得税」がかかりますが、会社の場合は「法人税」がかかります。広い意味では企業にかかる「所得税」ですが、個人と区別して「法人税」といいます。

つまり、「法人税」は、その名の通り企業や業界団体などの法人が納める税金。これに対し、個人が納める税金が「所得税」です。

「法人税」の税率はおよそ40％。一方の個人が納める「所得税」の最高税率はかつて70％でしたが、現在は40％まで下がりました。「所得税」が高かったころは、稼ぎの多い人は会社をつくって節税に励むということもありましたが、今はその効果は薄れています。

ところで、「法人税」と「所得税」、その納付された合計額はどちらが大きいでしょうか。

名だたる大企業が高額の税金を納めているので、「法人税」のほうがずっと多そうです。しかし、実際は「所得税」のほうが多いのです。

2012年度予算の国税と地方税を合わせた税収の内訳を見ると、「法人税」は約20％、「所得税」は約32％です（ほかは消費税が31・5％、資産税などが16・2％）。

経理と会計ってどう違うの？

会社の経理部門というと、交通費を精算してくれたり、給与明細を作ったりと、お金に関する事務処理をするところといったイメージがあります。

たしかに、お金に関する管理が経理部門の主たる業務ですが、「経理」という言葉にはもっと深い意味があります。

「経理」は、経営管理の略で、日々の会社の経済活動を記録し、ちゃんと儲かっているかどうかを明らかにすることです。これは会社経営の根幹そのもの。中国では会社の最高経営責任者を「総経理」と呼びます。

具体的に経理部門では、現金出納管理、給料管理、手形管理、売掛債権管理、在庫管理、固定資産管理などを行っており、そのメインイベントは年に1回の決算書の作成です。

昨今、このような経理業務はパソコンで行われており、パソコン経理を「コンピュータ会計」と呼びます。そこで、「経理」と「会計」の違いは何か？　という疑問が湧きます。

言葉の意味そのものに大きな違いはないのですが、「会計」は日々のお金の管理よりも、資金状態を説明することに主眼を置いています。

「会計」は大きく分けると、財務会計、管理会計、税務会計に分けられます。財務会計とは、おもに株主に会社の財務状況を公開するために作られるもの、管理会計は、経営者が経営に役立たせるために作られる会計報告書、税務会計は、税務署に税務申告するために作られるものです。

そして、これらの会計資料をどう作るべきかという理論を学ぶのが「会計学」です。

コンピュータ会計という言葉は、日々のお金の流れが見えやすくなるという意味から「会計」という言葉を使っていると思われます。

ちなみに、家計簿やお小遣い帳は、使い道を明らかにして節約することが目的なので「会計」に近いといえます。

損益計算書と貸借対照表ってどう違うの？

「できるビジネスパーソンになるには、会社の数字が読めるようにならなければならない」などといわれますが、この「会社の数字」とは、決算書の数字を意味します。

決算書には「損益計算書」と「貸借対照表」と「キャッシュフロー計算書」がありますが、まず、「損益計算書」と「貸借対照表」が何をあらわすのか、その違いがわかれば決算書の大枠が把握できます。

「損益計算書」は別名P／L。会社の営業成績表のこと。売上高からコストや経費、税金などを引いて、1年間にどれくらい儲かったかをあらわします。

サラリーマン個人でいうと、家計簿のようなものです。家計簿では、今月の給料額がまず記入され、ローン返済や食費、養育費、娯楽費、貯金などを引き、マイナスにならないようにします。企業の場合は、総売上げから経費や製造コストなどを引き、プラスになれば黒字、マイナスなら赤字決算です。

一方、「貸借対照表」はＢ／Ｓ（バランスシート）と呼ばれ、会社の財務状態をあらわします。サラリーマン個人に当てはめると、ローン残高、定期預金、家、車などの価値が記載された財産価値の表になります。

会社の「貸借対照表」は、現金や建物などの資産の合計と、借金と資本金、剰余金の合計が必ず同じ額になることからバランスシートと呼ばれます。

「儲け」を知るには「損益計算書」を見る、「財務状態」を知るには「貸借対照表」を見る、必要があるわけです。

ちなみに、「キャッシュフロー計算書」は、会計期間における現金の増減をあらわします。

簿記と会計ってどう違うの？

商業高校には「簿記」という科目がありますが、この「簿記」、何の略だか知っていますか？　「簿記」は「帳簿記入」の略で、会社の帳簿を記帳する技術や方法をいいます。

今日、会社の帳簿は複式簿記が採用されています。複式とは、すべての取引を、資産、負債、資本、費用、収益という５種類の科目に分けて、左側と右側に分けて記入する方法です。左側を借方、右側を貸方と呼びます。借方には交通費など出ていったお金の科目と金額を入れ、貸方には売上金や借入金など入ってきたお金の科目と金額を入れます。

何が貸方で何が借方になるかなど複雑なた

め、簿記検定も1級ともなればかなり高度です。

このように「簿記」は経理の実務として欠かせないものですが、これとは別に大学の商学部や経営学部には「会計学」という科目があります。

「会計学」は実務というよりも、企業会計の理論や意義を学ぶもの。具体的には原価計算論、会計監査論、商法、財務分析論などがあります。

「会計」の資格には公認会計士がありますが、こちらは「会計」という観点から会社の経営状態をチェックする専門家といえます。

手形と小切手ってどう違うの？

欧米の映画ではよく、お金を受け取りに来た人に、ちょっと金持ち風な男が、机の引き出しから横長の手帳のようなものを出して、そこに金額を書き入れてサインし、1枚切り取って渡すというシーンがあります。

これを銀行に持って行くと記された額の現金が受け取れるわけです。

このように、銀行でお金に替えてもらえる証券には「小切手」と「手形」があります。ともに、指定銀行に持って行けば記入された金額を受け取れるのですが、両者の違いはなんでしょうか？

「小切手」は支払い地として記された銀行に持って行けば誰でもその額を受け取れます。道端で拾って持って行っても受け取れます。ただし、受け取れるのは記載された振出日の翌日から10日以内。

これに対して、「手形」は受取人が記載されており、その人が受け取るのが原則で、通常、数ヵ月先でなければ受け取れませんが、受取期限はとくにありません。

振出人が受取人にこの金額の譲渡を約束するという形なので「約束手形」といいます（日本国内で流通する「手形」のほとんどが約束手形です）。

ただし、「約束手形」は譲渡人が他の譲渡人に譲ることもできます。その場合は裏側に「この手形を××にお支払いください」と書きます。

「小切手」は、銀行が振出人の当座預金の範囲内で、小切手帳を発行し、銀行が支払いに責任をもちます。

一方、「約束手形」は振出人が支払いに責任をもち、もし振出人の当座預金口座から支払額がなくなっていると受け取れません。これを「不渡り」といい、６ヵ月以内に２回不渡りになると、銀行取引が停止され、振り出した会社は事実上の倒産となります。

銀行の援助も受けられないほど経営の悪化した会社と取引したいと考える会社はありませんし、銀行取引ができないと会社は経営していけません。

第6章

身近な法律編　違いがわかると意味もわかる

自首と出頭ってどう違うの？

刑事ドラマでこんなシーンがよくあります。捜査本部で容疑者の逃亡経路を検討する刑事たち。そこに電話のベル。受けた刑事が叫びます。「犯人が自首してきたそうです！」

ドラマが急展開する重要なポイントですが、じつはこのセリフ、正確ではありません。このケースでは「自首」でなく「出頭」が正しいのです。では、「自首」と「出頭」ではどこが違うのでしょうか。

「自首」とは、事件や容疑者が発覚する前に、犯人が自ら捜査機関に名乗り出ることをいいます。

一方、「出頭」は、すでに事件や容疑者が判明している状態で、名乗り出ることです。つまり、指名手配されて、これは逃げ切れないと警察署に名乗り出るのは、「自首」ではなく「出頭」ということになります。

分かれ目は警察が知っているか知らないかというところ。刑法上は「捜査機関に発覚する前に」と記されているだけですが、「犯罪事実が発覚していても、その犯人が誰であるかまったく発覚していない場合には自首が成立する」という判例があります。

「自首」の場合は、裁判の際に情状酌量の対象となり、刑が軽減される可能性があります。「出頭」の場合も情状酌量の余地がないわけではありませんが、かなり厳しくなるのは当然といえば当然でしょう。

検挙と逮捕ってどう違うの？

ニュースで「昨年度の窃盗《せっとう》検挙者数は○×人だった」などと言うのをよく耳にします。

この「検挙」とはどういう意味でしょうか。検挙数とは何らかの事件を起こした犯人の数なのでしょうか。

「検挙」とは、捜査機関（警察や検察）が事件の容疑者を特定する捜査行為をさします。簡単にいえば、法を犯した疑いのある人を特定すること。その容疑者に対して身柄の確保や取り調べが必要な場合、身体の自由を拘束して強制的に連行し、留置場などに収容することが「逮捕」です。

しかし、容疑者として特定されても、必ずしも「逮捕」されるわけではありません。逃亡や証拠隠滅のおそれがなく、また、軽微な違反であれば、任意同行（容疑者が求めに応じて警察署などに行くこと）、あるいは在宅での取り調べのうえ、書類送検（捜査書類のみを検察官に送致すること）ということもあり得ます。

つまり、「逮捕」は「検挙」の一つの形態というわけです。統計を見ても、逮捕者数は検挙者数より少なくなっています。

容疑者と被疑者ってどう違うの？

ニュースなどで報道される「容疑者」とは、犯罪を犯した嫌疑を受けて捜査の対象となっている人のことです。「被疑者」もまったく同じ意味ですが、こちらは司法手続きおよび法令用語で、警察などの公的機関では「容疑者」ではなく「被疑者」と呼びます（ただし例外として、出入国管理及び難民認定法違反の疑いで調査される外国人をさす場合のみ、「容疑者」という用語が用いられます）。

つまり、「被疑者」は「容疑者」よりも専門的な用語ということです。

一般に、「容疑者」「被疑者」といわれると、ほとんど犯人のように見られがちですが、あくまで捜査機関から犯罪を犯したとの嫌疑を受けているにすぎず、法的には無罪であるという推定が働いています（推定無罪）。

これは、「容疑者」「被疑者」が起訴されて裁判の被告人となったあとも、有罪が確定するまでは同様です。

それにもかかわらず、マスコミ報道で、「容疑者」＝犯人という扱いをされることによって、社会的に不利益を被《こうむ》ることも少なくありません。

懲役と禁錮ってどう違うの？

「懲役○×年」と「禁錮《きんこ》○×年」、いずれもその期間、刑務所に入れられて身柄を拘束される刑罰ですが、具体的にはどこが違うのでしょうか。

「懲役」は「懲《こ》らしめの役《えき》」という言葉の意味からもわかるように、刑務作業が科せられている刑罰です。受刑者は金属製品や木材の加工、靴や衣類の製作、印刷などの作業に服する義務があります。

一方、「禁錮」とは「牢屋に閉じこめる」というような意味。つまり、刑務作業の義務はなく、ただ拘置されるだけになります。

禁錮刑が定められているのは、政治犯や過失犯（懲役もあり得ます）。殺人や窃盗などは懲役のみです。

作業しなくていい禁錮ですが、現実には楽ではありません。多くの人は読書や書き物ぐらいしかできない単調な生活に耐えられなくなるのです。昼間は寝転がることもダメ。

しかし、禁錮の場合でも、受刑者が願い出れば刑務作業を行うことができます（請願作業）。このため、実際にはほとんどの禁錮受刑者が刑務作業を申し出るそうです。ただし、一度申し出ると出所までやめることはできません。

こうなると懲役も禁錮もほとんど変わりませんが、禁錮囚は、懲役囚と違って作業報奨金が支給されないなど、かえって「厳しい」と言えるかもしれません。

無期懲役と終身刑ってどう違うの？

「無期懲役」というんだから一生刑務所に入っているのかと思ったら、20年ほどで出てきているってどういうこと？　などと思ったことのある人もいるでしょう。

では、「終身刑」なら一生刑務所暮らしか――じつは、無期懲役と終身刑にははっきりとした違いはないのです。

日本やアジア各国では、満期のない懲役刑を「無期懲役」と呼びますが、欧米各国では「終身刑」といいます。

「終身刑」にも2種類あり、死ぬまで刑務所から出られないのが「絶対的終身刑」、仮釈放の可能性があるのが「相対的終身刑」です。

絶対的終身刑を採用している国は少数派です（アメリカやオーストラリアの一部の州、イギリス、オランダ、中国など。こうした国々でも恩赦《おんしゃ》によって釈放される可能性はあります）。

日本の場合、無期懲役の受刑者が仮釈放されるまでには20～25年を要することが多く、一生を刑務所で過ごす受刑者も少なくありません（１９９９～２００８年の10年間で仮釈放が許可されたのは１１４件の申請中91人。同期間に刑務所で死亡した受刑者は１２１

人)。

たとえ仮釈放されたとしても保護観察は一生続きます。恩赦がない限り、死ぬまで刑期を終えたことにはならないのです。

拘置と拘留ってどう違うの?

「拘置」とは、広い意味では監獄や拘置所で比較的長期にわたって身体の自由を拘束すること。狭い意味では、刑事被告人や死刑の言い渡しを受けた者などを拘置監(監獄の一種。監獄にはほかに懲役監、禁錮監、拘留場があります)に拘禁することをいいます。簡単にいうと、刑を受けていない者を拘束することです。

それに対して「拘留」は、刑罰の一つです。死刑、懲役、禁錮、罰金、拘留、科料という刑罰の一つです。1日以上30日未満の間、拘留場(警察署の留置場で代用も可)に拘置する刑で、軽微な犯罪に対する短期刑です。

この「拘留」と同じ読みで、まぎらわしいものに「勾留《こうりゅう》」がありますが、「拘留」とはまったく意味が違います。「勾留」は、被告人・被疑者が逃亡したり証拠隠滅を図ったりするのを防止する目的で、裁判官や裁判所の決定により拘禁すること。「拘留」と区別するために未決勾留ともいわれます。

留置場と刑務所ってどう違うの?

「ブタ箱に入る」なんて言い方がありますが、それって留置場のこと? 刑務所のこと?

通常、警察に逮捕されると警察署の「留置場」に入れられて取り調べを受けます。起訴後は「拘置所」に移されます。

「拘置所」というのは、おもに刑事裁判で刑が確定していない未決拘禁者を収容（勾留）する施設です。

被告人・被疑者は起訴されたあと、逃亡や証拠隠滅のおそれがあると思われる場合に「拘置所」に収容されます。そして、裁判が終わって刑が確定すると、「刑務所」に移って懲役・禁錮などの刑を受けることになります。

ただし、ほぼすべての「刑務所」に拘置監（拘置所）が併設されており、刑が確定していなくても刑務所内の拘置監に収容されることがあります。

意外なことに、死刑囚が収容されるのは、「刑務所」ではなく「拘置所」です。これは、死刑は執行されてはじめて刑を務めたことになるからです。「刑務所」で刑を務めるのではなく、「拘置所」で刑の執行を待つことになるわけです。

「拘置所」と「刑務所」は法務省の管轄ですが、「留置場」は都道府県警の管轄。ブタ箱というのはこちら。一般に警察署に設置された「留置場」の俗称です。

ちなみに、泥酔者が入れられるいわゆる「トラ箱」は「留置場」ではなく「保護室」と呼ばれる施設です。

少年鑑別所と少年院と少年刑務所ってどう違うの？

少年が罪を犯した場合に収容される場所には３ヵ所があります。「少年鑑別所」「少年院」「少年刑務所」です。それぞれ、どう違うのでしょうか。

「少年鑑別所」は、罪を犯した16歳未満の少年がどのような要因で犯罪行為を行ったのかを鑑別する施設です。

鑑別は、医学や心理学、教育学などに基づいて行われ、その結果は家庭裁判所に報告されます。収容期限は最大8週間。家庭裁判所の裁判官は、鑑別結果を参考にして、保護観察や少年院送致などの審判を下します。

「少年院」は、審判の結果、保護処分として少年院送致が言い渡された少年が入る施設です。「少年院」には4種類あります。

初等少年院はおよそ12歳以上16歳未満、中等少年院はおよそ16歳以上20歳未満、特別少年院は再犯など犯罪傾向の進んだおよそ16歳以上23歳未満の者が収容されます。薬物中毒などがある場合は医療少年院に送られます。

「少年院」の目的は矯正教育なので、院内では生活指導や職業指導、教科教育などが行われます。

「少年刑務所」は、文字通り刑務所。家庭裁判所によって検察官送致され、地方裁判所での刑事裁判で懲役・禁錮刑を受けた未成年者の受刑者が入る施設です。「少年院」とは違って、懲罰を主目的として収容されます。

それぞれを数字でみると、「少年鑑別所」の新入所人数は1万3639人、「少年院」の新入院者数は3619人、「少年刑務所」の新受刑者数は29人（いずれも2010年のデータ）。

警察と検察ってどう違うの？

大ざっぱにいうと、被疑者を逮捕するのが「警察」、起訴するのが「検察」。裁判で被疑者の弁護士とやり合うのは「警察」ではなく、「検察」です。

犯罪が発生すると、「警察」が捜査を行い、被疑者（容疑者）を逮捕したり取り調べを行ったりします。そして、逮捕から48時間以内に被疑者と事件記録を「検察」に送致（送検）します。

「検察」では送致された事件について、被疑者や参考人の取り調べを行い、証拠の内容を検討したうえで、被疑者を裁判所に起訴するかしないかの処分を決定します。

ここで、犯罪の証拠が不十分、あるいは証拠がないことが明白だと検察官が判断すれば不起訴、情状などによって起訴する必要がないと判断すれば起訴猶予となりますが、起訴になると公判が開始され、検察官は事件について立証し、そのうえで求刑することになります。

このように「警察」と「検察」は、それぞれに果たす役割があり、組織も警察庁と検察庁に独立していますが、実際には「検察」は「警察」の捜査に介入できるなど、より強力な権限をもっています。

また、「検察」にも逮捕権があり、国政にかかわるような重大犯罪や高度の法律知識と捜査技術を要する事件については、独自に捜査に乗り出すこともあります。ニュースで「東京地検特捜部では収賄事件に関して政治家Aを逮捕」などと報道されます。地検特捜部とは地方検察庁特別捜査部の略です。

ただし、拳銃や手錠、警棒などの携行が許可されるのは警察官だけです。

警視庁と警察庁ってどう違うの？

「警視庁」と「警察庁」は似た名前なのでまぎらわしいのですが、この二つはまったく違います。

まず、「警視庁」は東京都の警察機関。神奈川県警などの県警、北海道の道警、大阪府警などの府警と同列です。

その意味では東京都警と名乗ってもよさそうなものですが、なぜ特別に「警視庁」というのでしょうか。

管轄する東京が日本の首都であることに加え、立法府や行政機関、駐日大使館など重要施設の警備や皇族や要人の警護にもあたっていて、規模も大きく特殊性があることなどから、特別に、明治政府が発足させた警察組織の名称を今に受け継いでいるのです。所在地付近の古い地名から「桜田門」と呼ばれたりもします。

一方、「警察庁」は中央省庁の一つで、都道府県警察を指揮監督する立場にある組織です。府県警察の指揮監督は間に管区警察局を挟みますが、広大な面積を有する北海道警察と首都を管轄する「警視庁」は「警察庁」の直接監督下にあります。

「警察庁」のトップは警察庁長官。オウム事件の頃に狙撃された國松孝次さんが警察庁長官でした。対して「警視庁」のトップは警視総監。ただし警視総監は警視庁の職員ではなく、「警察庁」のキャリア官僚が就任します。警視総監は警察官僚としては警察庁長官に次ぐナンバー2です。

刑事と警部ってどう違うの？

刑事ドラマにはたくさんの「名刑事」が登場します。一方で「警部」と呼ばれる人たちもいます。「刑事」と「警部」はどう違うのでしょうか？

警察官の階級は、偉い順番にこう並んでいます。警察庁長官、警視総監、警視監、警視長、警視正、警視、警部、警部補、巡査部長、巡査。ちなみに警視総監は東京の警察である警視庁のトップとなる階級で、他の道府県警察にはいません。

この階級を見ると、「警部」は第7位の階級序列となります。序列としては中堅クラスにあたり、警察署では課長や課長代理といった役職に対応します。

では、「刑事」とは何でしょうか。階級には「刑事」はありません。じつは「刑事」という役職もないのです。もし名刺に「刑事」と書かれていたら、それはニセモノです。

「刑事」をあえて定義するなら、捜査上の必要などから、制服を着用せず私服で犯罪の捜査を行う警察官の通称ということになります。

階級でいうと巡査や巡査部長が中心で、巡査部長の「刑事」を俗に部長刑事、デカ長などと呼びます。

刑事事件と民事事件ってどう違うの？

簡単にいうと、「刑事事件」は犯罪事件で、「民事事件」は犯罪事件ではありません。

「刑事事件」は、警察が捜査をし、検察が立件すると、刑事裁判になります。

一方、「民事事件」とは、ひらたくいえば特定の人同士の社会生活上のもめごと、争い、トラブルです。これは犯罪ではないので、警察は手出しできません（これを「民事不介入」といいます）。

たとえば、単なる夫婦げんかは民事なので、警察は動いてくれません。そこで暴力がふるわれて傷害を受けたりすると、傷害事件、すなわち「刑事事件」となって警察が関与することになります。

貸したお金を友人が返してくれないという

場合も「民事事件」です。当事者同士で解決できなければ、金銭の返還を求めて民事裁判を起こし、裁判所に判断を委《ゆだ》ねることになります。ただし、お金の貸し借りの過程で詐欺や脅迫といった行為があれば、「刑事事件」となって警察が動きます。

しかし、刑事裁判はあくまで詐欺や脅迫行為を行った者に対して罰を与えるだけ。取られたお金は戻ってきません。同じ一つの事件であっても、金銭の返還や損害賠償を求めるには、民事裁判での請求が必要になってくるのです。

つまり民事と刑事は別件。同じ事件で、刑事では有罪判決が確定したけれど、民事では賠償請求が棄却されたということもありえるのです。

強制捜査と任意捜査ってどう違うの？

「警察が強制捜査に乗り出し、関係資料を押収した」などというニュースを耳にします。警察が容疑者の身柄を拘束したり、人の住居に立ち入ったり、所有物を差し押さえたりすることが「強制捜査」です。

一方、職務質問をしたりするのは「任意捜査」といわれます。

この「強制」と「任意」は、一般的な強制（相手の意思にかかわりなく無理にすること）と任意（相手の自由意思に任せること）とは、ややズレがあります。

「強制捜査」は、原則として裁判所から令状の発行を受けて行わなければなりません。

強制捜査以外の捜査が、「任意捜査」と呼ばれます（原則的には、捜査はできる限り任意捜査によるべきとされています）。

しかし、任意捜査といっても必ずしも捜査される側の自由意思に任せられるというわけではありません。

たとえば深夜、自転車に乗っていたら警察官に止められたとします。何も悪いことはしていないので、無視してその場を離れようとしたら、警察官に手首をつかまれました――この場合でも、判例では、手首をつかんで相手を静止する行為は適法な捜査と認められています。

殺人と傷害致死ってどう違うの？

「殺人罪」が成立するためには、故意犯であることが必要です。つまり、殺意があったかどうか、です。

殺意には確定的殺意と未必《みひつ》的殺意の二つがあります。

確定的殺意は積極的に「殺してやる」という意思をもつこと、未必的殺意は消極的に「殺してやるとまでは思わないが、死んでもかまわない」という意思をもつことをいいます。

「殺すつもりはまったくなかった」「死ぬとは全然思わなかった」けれど、暴行や傷害の結果、他人を死に至らしめた場合には、「傷害致死罪」となります。

つまり、「殺人」と「傷害致死」の違いは、他人を死亡させた場合に、殺す意思があったか、傷つける意思だけがあったかの違いなのです。

とはいっても、それは犯人の心のなかのこと。取り調べや裁判で「絶対に殺してやろうと思った」と殺意を認めるとは限りません。

その場合、殺意の有無について検察側と弁

護側が裁判で争うことになります。裁判では、人をナイフで刺した場合は、心臓や頭などを狙っているか、何回刺したか、傷の深さはどうか、ナイフの大きさはどうか、といった客観的状況、さらに、動機面での怨恨《えんこん》の深さなども考慮し、総合的に判断します。

なお、「殺人」の意思も暴行・傷害の意思もなく、過失によって人を死亡させると「過失致死罪」、業務上の過失である場合には「業務上過失致死罪」となります。

難しい言い方になりますが、業務上とは「社会生活上、ある活動を反復・継続して行う際」という意味です。つまり、「業務上過失」とは、「社会生活において、他人の生命や身体に危害を加えるおそれのある行為を反復・継続して行う際に、必要とされる注意を怠ること」。たとえば、自動車の運転は「業務上」であり、営業の運転だけでなくレジャーや買い物に出かけることも含まれ、自動車運転で事故を起こした場合は「業務上過失」となります。

なお、業務上過失犯は、一般の過失犯に比べて罪が重くなります。

司法解剖と行政解剖ってどう違うの?

「司法解剖」は、犯罪による死亡の疑いがある場合に、死因などを究明するために行われます。捜査官が裁判所に令状を請求し、鑑定医が行います。

たとえば、傷口の形から他殺か自殺かを検討するようなこともあります。法的には遺族の同意は不要です。

ただし、犯罪被害死体のすべてが「司法解剖」されるわけではありません。交通事故など受傷状況が明確で死因も明らかにできる場合は解剖を行わず、検視だけで終わる場合もあります。

また、犯罪による死亡の疑いがあるとき以外にも死因の特定が必要なケースがあります。その場合に行うのが「行政解剖」です。

食品等による中毒死の疑いがある場合（食品衛生法）、船や飛行機における死体で、伝染病による死亡の疑いがある場合（検疫法）などです。いずれも遺族の同意は必要としません。

なお、死亡が犯罪によるものでないと断定できない死体のことを変死体といいますが、変死として扱われる死体の多くは「自宅で死亡した人」なのです。自宅で死んだ人は医師が看取っていないことから死因を明確に判断できないため、変死とされるのです。

ただし、死亡した人が死亡の直前まで定期的に通院して診察を受けており、担当医師が診察をしていた病気で死亡したと認められるときは、病死扱いとなります。

裁判官と判事ってどう違うの？

「裁判官」は、裁判所に所属し、裁判事務を担当する特別職の国家公務員です。一方、「判事」は裁判官の役職名の一つ。

裁判官の役職には、最高裁判所長官、最高裁判所判事、高等裁判所長官、判事、判事補、簡易裁判所判事の6種類があります。

日本の裁判官は、司法修習を終えたあと、判事補として裁判所に採用され、10年間の経験を積むと、ほぼ自動的に「判事」となります。

「判事」になると、原則として単独審（1人の裁判官が行う裁判）の裁判官を務めることができますが、5年以上の経験を有する判事補にも同様の権限が一部与えられています。

また、簡易裁判所判事にはやや特殊な性格があり、司法試験合格者でなくても、「多年司法事務に携わり、簡易裁判所判事の職務に必要な学識経験がある」と認められた者が任命されることがあります。具体例としては、裁判所書記官、検察事務官、法務省の行政官から任命されることがあります。

つまり、「判事」は全員「裁判官」ではあるけれど、「裁判官」であっても「判事」とは限らないということになります。

裁判員制度と陪審制度ってどう違うの？

アメリカの映画に『十二人の怒れる男』というものがありました。一般市民12人による陪審の様子を見事に描いた名作ですが、この「陪審制度」と日本の「裁判員制度」とはどう違うのでしょうか。

一般市民が参加する裁判制度としては、諸外国には「陪審制度」や「参審制度」と呼ばれるものがあります。

具体的な仕組みは国によって異なりますが、一般的に「陪審制度」は、有罪・無罪の判断に裁判官が加わらず、陪審員だけで判断を行います。

事件ごとに選任された陪審員は、基本的に犯罪事実の認定（有罪かどうか）を行い、裁判官が法律問題（法解釈）と量刑を行います。この「陪審制」を採用しているのは、アメリカやイギリスなどです。

「参審制度」は、参審員と裁判官によって裁判を行う制度です。参審員は任期制で選ばれ、犯罪事実の認定や量刑のほかに、法律問題についても判断を行います。この「参審制」はドイツ、フランス、イタリアなどで採用されています。

日本の「裁判員制度」では、裁判員は裁判官とともに有罪・無罪や刑の決定に関与しますから、「参審制」と似ています。

ただし、裁判員は事実認定と量刑を行い、法律問題は裁判官のみで行う点が違います。また、裁判員が事件ごとに選任される点では「陪審制」と同じだといえます。

法令と条例ってどう違うの？

「法令」という言葉は、使われ方によって示す範囲が変わることが多いのですが、基本的には、国会が制定する「法律」と国の行政機関が制定する「命令」を合わせて「法令」と呼びます。

日本の法には、その種類によって優劣関係があり、上位の法が優先され、上位の法に反する下位の法は効力をもたないとされています。優先される順番は上位から、憲法、条約、法律、命令（政令・府令・省令など）、条例、規則となります。

「条例」は、地方公共団体が、議会で制定する法のことです。ちなみに、「規則」は、地方公共団体の長や教育委員会などの行政委員会が、その権限に属する事務に関して制定する法規のことです。「条例」と規則を合わせて例規と呼ぶこともあります。

「路上喫煙禁止条例」などは、各地方自治体が定めた「条例」で、似た名称でも各自治体によって違いがあります。いわゆる「淫行《いんこう》条例」などは、各地方自治体が定めた「条例」で、似た名称でも各自治体によって違いがあります。

自治体によっては、「家庭の日を定める条例（毎月第三日曜日は家族団らんに努めなくてはいけない）」（岐阜県）や「朝ごはん条例（ごはんを中心にした食生活改善や早寝早起きなどの基本方針と数値目標・行動計画を定める)」(青森県鶴田町)など、ユニークな「条例」もあります。

ちなみに、こうした「条例」や規則まで含めて「法令」と呼ぶケースも少なくないようです。

司法取引と和解ってどう違うの?

アメリカのサスペンス映画などを見ていると、「司法取引」のシーンが出てくることがあります。被告が「罪を認める」「共犯者を法廷で告発する」「捜査に協力する」などする代わりに、検察側が「求刑を軽くする」「他の訴えを取り下げる」などという取引です。

こうした「司法取引」は、主としてアメリカ、イギリスなどで実施されています。とくに犯罪の多いアメリカでは、刑事裁判の大部分で司法取引が行われているといわれます。

「司法取引」は、裁判にかかる時間と費用を節約できるほか、犯罪捜査の進展に役立つ情報が得られるなどの利点がありますが、一方、冤罪《えんざい》や偽証の誘因となったり、法の下の平等や公正さを損《そこ》なったりする危険もあります。

日本には「司法取引」はありませんが、2006年の改正独占禁止法で導入された課徴金減免(リーニエンシー)制度が、実質的な「司法取引」ともいわれます。

これは、談合や闇カルテルなどの違反行為を、公正取引委員会の調査前に自主申告した最初の企業には、課徴金の全額免除だけでなく、刑事訴追《そつい》も見送られるという制度です。

「和解」とは、民事裁判などで争う当事者同士が、裁判所の関与によってお互いが譲歩し、争いを止める合意をすることをいいます。

裁判所は訴訟のどの段階でも「和解」を試みることができると定められています。「和解」は、早期・円満に紛争を終わらせることができるため、費用や時間の節約になるというメリットがあります。

相続と贈与ってどう違うの?

「相続」とは、死亡した人の財産などさまざまな権利・義務を、血縁者などあとに遺された人たちが承継することをいいます。民法では、誰がどれだけの財産を引き継げるかといった相続についての詳細な規定が設けられています。

一方、「贈与」は、人から人へ物品などを贈り与えること。民法では、自己の財産を無償で相手方に与える意思を示し、相手方がそれを受諾することによって成り立つ契約とされます。

「相続」も「贈与」も財産を移転するということでは同じですが、贈与は、当事者同士の契約なので、意思の合致が必要です。

対して相続は、被相続人（死亡した人など）の一方的な意思表示なので、相続を拒否することも可能です。たとえば、債務（借金）の相続などしたくないこともあるでしょう。その場合は「相続放棄」という手続きをとることもできます。

しかし、いちばんの問題はそれぞれにかかってくる税金の違いでしょう。

相続税と贈与税では、贈与税のほうが基礎控除額が少なく、累進税率（課税対象金額に比例して税率が高くなるしくみ）の度合いも高くなっています。つまり、生前に「贈与」

せずに「相続」によって遺産を引き継ぐほうが税金面で有利と考えられますが、必ずしもそうならないケースもあるので、十分な検討が必要です。

保証と連帯保証ってどう違うの？

アパートを借りるとき、就職するとき、融資を受けるときなどには、契約書に「保証人」の署名・捺印《なついん》を求められます。これにはどんな意味があるのでしょうか。

たとえば、お金を借りる際に、保証人が必要とされるケースでは、借りた人がお金を返せない場合に、保証人が代わって返済するという「保証」を行います。

この保証には単なる「保証」と「連帯保証」があります。借金の場合は、たいてい「連帯保証」が求められますが、では、保証人になるのと連帯保証人になるのでは、どのような違いがあるのでしょうか。

「連帯保証」とは、借金をした本人の債務について本人と同様の弁済義務を負うことをいいます。

単なる保証人なら、貸し手（債権者）から請求されたときに、「まず本人に請求してくれ」とか「本人の財産を先に差し押さえてくれ」と主張できる権利があります。保証人が複数いれば、「返済金額を保証人の数で頭割りしてくれ」と主張する権利もあります。

ところが、「連帯保証人」にはこうした権利は一切ありません。本人の返済が遅れ、債権者が「今すぐ全額一括で支払え」と連帯保証人に請求をしてきても拒むことはできないのです。

お金を貸す側にとっては、連帯保証は回収時の手間がかからず、非常に都合がいいのですが、連帯保証人になった人は、かなりきつい責任を負っているといえるでしょう。

「保証人はともかく、連帯保証人にだけは絶対なるな」などと言われるのはこのためです。

抵当権と根抵当権ってどう違うの？

中古マンションを買ったり、親が亡くなって土地を相続したりしたときなどに、「抵当《ていとう》権」だとか「担保」だとか、はては「根《ね》抵当権」なんて言葉が出てきたり、なんだか難しいですね。ここで整理しておきましょう。

まず「抵当権」とは、お金を貸した側（債権者）が、貸したお金（債権）を守るために、お金を借りた側（債務者）の不動産を「目的物」として設定し、借りた側が返済をしない場合に、その不動産を競売にかけて「その売買代金から優先的に返済が受けられる権利（担保権）」です。

たとえば、AさんがB銀行からお金を借りた際に、B銀行はAさんの土地に「抵当権」を設定して、もしお金が返せなくなった場合にはAさんの土地を競売にかけることになります。

ここで順調に返済が進み、借りている金額の残高が減っても、さらにB銀行から新たに借金をしたい場合には、新たな借金を債権額とした「抵当権」を設定する必要があります。つまり、「抵当権」とは設定時に借りたお金を保証（担保）するものなのです。

一方、「根抵当権」とは、「限度額を設定してその範囲内ならば、不特定の債権を担保にして、繰り返し借りることができる物的担保」のことをいいます。増減変動する一定の債権を一定の限度で担保するために設定されるものです。

つまり、「根抵当権」では、返済が進んだ状態で、もう一度借り入れをしたくなった場合、同じ銀行であれば、新たな担保を差し入れる必要なく何回でも借りることができるのです。

借地権と借家権ってどう違うの？

家や土地を借りている側（店子）と貸している側（大家）では、大家のほうがいばっているように思えますが、かつては大家の立場は弱いものでした。

「借地権」とは、他人の土地を借りて、そこに自分で建物を建てる場合に発生する権利です。

一方の「借家権」とは、マンション・アパート・一戸建て家屋など、住むための建物や部屋を借りる場合に、借り主が貸し主に対してもつ権利です。

こうした権利は、借り主を保護するためのもので、従来の借地法・借家法では、実質的に無期限で「借地権」「借家権」が認められていました。つまり、ひとたび借りた土地や住居は、よほどの理由がない限り、借り主は契約更新を重ねることができたのです。

しかし、１９９０年代になって、借地借家法で定期借地権、定期借家権が相次いで導入され、貸し主が一定の義務を果たせば、契約満了時に借り主に退去してもらうことが可能となりました。

その場合、自動更新となるかならないかの手続きにおいて、「借地権」と「借家権」では若干の違いがあります。それは、「借地権では借り主から更新の請求」をしますが、「借家権では貸し主から更新拒絶通知」をするということです。

実印と三文判ってどう違うの？

「実印を押す」となると緊張してしまいます。実際、「実印」の扱いは慎重でなくてはなりません。だからといって「三文判《さんもんばん》」の価値はぐっと低いのかといえば、そうでもないのです。

「実印」とは、市区町村に登録した印鑑のことです。登録された印影によって個人（法人）を公的に証明する制度で、印影と登録者の住所・氏名・生年月日などを記載した印鑑登録証明書（印鑑証明）と、実際の押印を組み合わせることで、間違いなく本人であること、本人の意思であることが証明されます。

「実印」は、土地、建物、株式などの資産を売買するときや重要な契約を行うときに必要になります。

一般に、「実印」には立派な印鑑が使用されることが多いのですが、じつはハンコであればどんなものでも（朱肉の不要なワンタッチのゴム印は除いて）、印鑑登録できます。

出来合いの安物のハンコを俗に「三文判」といいますが、「三文判」であっても印鑑登録は可能なのです。

ただし、「実印」には、同じものが大量生産される「三文判」ではなく、世の中に一つしかない注文制作の印鑑を使用したほうが安全です。

やはり、宅配便の受領印など単に確認するための印鑑は「三文判」、「実印」にはそれなりの印鑑と使い分けたほうがよさそうです。

ちなみに、「三文判」といっても押印の法的効力は認められますので、むやみに押してはいけません。

口約束と契約ってどう違うの?

「契約」というと、契約書を交わしてはじめて成立するというイメージがあるかもしれませんが、意外なことに、民法上では、「契約」の成立にあたっては契約者相互の合意があれば口頭でもいいことになっています。

つまり、一方が何事かを申し込み、もう一方がこれを承諾するという意思の合意があれば、それが「口約束」であっても、「契約」が成立したことになるのです。契約書のない「口約束」でも口頭契約として有効なのです。

たとえば、「結婚しよう」と言ったにもかかわらず、自分の都合で相手をふって、さっさとほかの人と結婚した場合、元カレ(元カノ)から訴えられて「契約不履行」になることもあるわけです。

しかし実際問題として、「口約束」の場合は、トラブルが生じた場合に「言った」「言わない」の水掛け論になってしまいがちです。片方が無効を主張すると、裁判所などに証拠を提出して証明しなければなりません。

そんなときに内容が明確で双方の言い分が尽くされた契約書があれば、紛争そのものの防止にも役立つわけです。

ちなみに、「契約」そのものが最初から無効とされるのは、意思能力がない場合(泥酔時など適切な判断能力がない)、契約内容が公序良俗・法律に反する場合、契約の内容が著しく反社会的である場合、錯誤《さくご》(勘違い)の場合などです。

第7章

気になる言葉編　間違った意味で使っていませんか?

にっぽんとにほんってどう違うの？

じつは、法律も日本政府も、「日本」の正式な読み方を明確に定めていません。使い分けのルールもありません。

「にほん」「にっぽん」と読み分けるのは、慣例や前後につく言葉とのリズム・語呂、または好みです。

もともと、「日本」という国号が成立する以前は、中国古代王朝から「倭国《わこく》」または「倭《わ》」と呼ばれていました。ヤマト勢力が倭を統一すると、漢字の「倭」をヤマトと読むようになり、その後、漢字を「倭」から「日本」に変更したのです。

当時、「日本」の中国での読み方は「ニッポン」（呉音《ごおん》）または「ジッポン」（漢音《かんおん》）だったと推測されています。

ただし、飛鳥・奈良時代には促音（小さな「っ」）がありませんでした。そこで、当時の人々は古代日本語なまりで「にぽん（にちぽん）」と読み、それがやがて平安初期に「にふぉん」に変化。平安後期には強調形の「にっぽん」と並行して使われるようになります。

さらに、「にふぉん」は江戸時代になって「にほん」に変化し、「にっぽん」とともに使われたと考えられています。

昭和初期には、「にっぽん」に統一しようとする動きもありましたが、法の制定までには至りませんでした。

現在、統計をとると「にほん」のほうが圧倒的に多いようですが、スポーツで日本代表を応援する場合などは「にっぽん」とコールします。２種類の読みがあるのも便利といえば便利なのかもしれません。

出身と生まれってどう違うの？

「出身」を辞典で調べると、「その土地・身分などの生まれであること。その学校・団体などから出ていること」とあります。つまり、出身地は生まれた土地のこと。

しかし、一般的には、○○県出身といった場合、必ずしも○○県で生まれたとは限らないことも多いようです。

たとえば、鹿児島県で生まれたけれど、生後数ヵ月で青森県に転居し、そこで成人するまで育ったという場合には、青森県出身（出身地＝青森県）としたほうがしっくりくるのではないでしょうか。

それは「出身」に、その土地で育まれた、その土地の風土の影響を強く受けたという意味が含まれているからです。「その地方から世に出る」という意味では、一番長く住んだ場所、影響を強く受けた土地を出身地とすることが自然でしょう。

これに対して「出生地」となると、生まれた土地に限定されてきます。戸籍謄本に記されている出生地は、まさに生まれたところです。「○○生まれ」も同様です。

厳密にいえば、「出身」も「生まれ」と同じ意味とされるので、「○○生まれ、△△出身」というような言い方には違和感も生じます。その場合は、「○○生まれ、△△育ち（○○で生まれ、△△で育つ）」という表現、もしくは育った土地を出身として一本化するのが一般的でしょう。

文化と文明ってどう違うの？

インダス文明とか黄河文明とはいいます

が、インダス文化、黄河文化とはいいません。また、文明の利器という言葉はありますが、文化の利器という言葉はありません。

このように、「文明」と「文化」はあまり言い換えのきかない言葉のようですが、いざ、その違いを説明しようとすると難しいものがあります。

国語辞典の解説をまとめると、「文化」は民族・地域・社会固有の限定的な行動様式・生活様式で、場合によっては思想・芸術・科学・宗教など精神的な成果の総体をさします。

対して「文明」は、人類の普遍的ともいえる知識・技術が向上して物質的・精神的に生活が豊かになった状態で、場合によっては物質的な成果の総体をさす、というところでしょうか。ちょっと難しいですね。

一部には意味の重なる部分もあり、また対立する部分（特殊性・普遍性、精神的・物質的）もありますが、根本的には二つは、見る視点が違う言葉のように感じられます。

とくに「文明」は、高度な「文化」や社会を包括してさすことが多く、未開の原始共同体に対する四大文明、産業革命後の物質文明というように、優劣や進歩のニュアンスをこめて使われることが多いようです。

ちなみに、「文化」＝cultureはラテン語のcolere（耕す）、「文明」＝civilizationはcivitas（都市、国家）に由来する言葉です。

オカルトとカルトってどう違うの？

一字違いで意味も似ているような違うような言葉ですが、「オカルト」は超自然的な現象や神秘的な現象のこと、「カルト」は宗教的崇拝や熱狂的な信者をもつ新興の宗教集団、そこから転じて一部の熱狂的なファンに支持される映画・小説などのことをいいます。

「オカルト(occult)」はもともと「隠されたもの」という意味のラテン語に由来する言葉です。つまり、目で見たり、触れて感じたりすることのできないことをさします。

この言葉が使われ始めたのは16世紀前半の中世ヨーロッパ。正統的なキリスト教からはずれた古代からの秘密の知識や魔法、錬金術などにかかわるものを意味するようになりました。

現代では、占星術、魔術、神智学、降霊術、カバラ、さらには超能力のような超心理学的分野も含めて「オカルト」と総称されることが多くなっています。

一方、「カルト(cult)」は、「崇拝」「礼拝」を意味するラテン語から派生した言葉で、もともとは「儀礼・祭祀」などの宗教的活動を意味する言葉でした。

それが反社会的な宗教団体をさすようになったのは意外に新しく、1990年代のアメリカです(ヨーロッパでは「セクト」と呼ばれます)。

さらに、一部に熱狂的なファンをもつ映画がカルト映画(カルト・ムービー)と呼ばれるようになりましたが、これは宗教や神秘現象とは無関係。オカルト映画と間違えないようにしましょう。

ハートとソウルってどう違うの?

「ぼくは心を捧げたけれど、彼女はぼくの魂を欲しがった」という失恋の歌があります。英語の原詞では心が「ハート」、魂が「ソウル」。この二つはどう違うのでしょうか。

「ハート」も「ソウル」も日本語では大きな意味での「心」です。英語ではどうでしょうか？

heartは「知力＝頭（head）」に対する語で、喜怒哀楽や愛を感じる感情的な心のことをいいます。一義的には心臓・胸をあらわし、心情や気持ち、勇気や元気あるいは中心や核心といった意味ももっています。

soulは「肉体（body）」に対する語で、魂の宿る心。魂とは、生き物の身体に宿って、心の働きをつかさどると考えられるものです。魂を意味する言葉としてはスピリット（spirit）もありますが、soulはspiritよりも感情・感性が深く、道徳的性質の強いものをさします。

ちなみにマインド（mind）という言葉もあり、これは知性・理性の宿る心をさします。

つまり、日本語の心にあたる英語はいくつかあって、そのなかで「ハート」は主として感情的な部分、「ソウル」は精神性の部分をさすといえそうです。

論理と理論ってどう違うの？

たとえば、「論理的な説明」と「理論的な説明」。この二つの違いは何でしょう？

「論理」とは考えや議論などを進めていく筋道、思考や論証の組み立て、思考が正しいかどうかを保証する法則や形式のことをいいます。英語でいうと「ロジック」です。

たとえば「人は必ず死ぬ」、そして「ソクラテスは人である」、だから「ソクラテスは必ず死ぬ」。このような三段論法などがその代表です。

この三段論法は、普遍的な前提から個別の

結論を得る推論方法＝演繹《えんえき》法の一つ。ほかに論理を組み立てる方法には、個別的な事例から普遍的な規則を見出そうとする帰納《きのう》法もあります。

一方、「理論」とは、個々の現象を法則的、統一的に説明できるように筋道を立てて組み立てられた普遍的で体系的な知識の総体のこと。英語では「セオリー」です。

この「論理」と「理論」の関係は、「論理」は「理論を構成するための思考の筋道」、「理論」は「論理的思考を重ねて組み立てられた知識」となります。

そこで、最初の質問の答えです。「論理的な説明」は「筋道の通った説明」、「理論的な説明」は「理論に基づいた説明」ということになります。

退職と離職ってどう違うの？

「退職」は、勤めている職を辞めること、現職を退くことです。基本的には職場から去ることを意味し、自発的に自らの意思で職をやめる辞職、定年、免職なども含まれます。

一方、「離職」とは、職務から離れること、退職・失業などによって、職業を離れることをいいます。

つまり、仕事を辞めるという意味では、「退職」も「離職」もほぼ同じ意味ですが、「離職」という言葉は、ハローワーク（公共職業安定所）の職員や会社の人事担当者、人材紹介会社など、雇用にかかわる人々の間でよく使われます。

というのも、会社を「退職」して雇用保険の失業給付を受ける場合、会社の発行する離職証明に基づいてハローワークが離職票を交付するという手続きになっているからです。

離職票には退職理由などの情報が記載され、失業給付を支給する際の資料となります。退職理由には、自己都合退職と会社都合退職があり、それぞれ給付の条件が変わってくることになります。

事典と辞典ってどう違うの?

「事典」も「辞典」も「じてん」と読みます。さらには「字典」という言葉もあり、これも「じてん」です。

さて、それぞれはどう違うのでしょうか?

まず、「事典」は、事柄についての知識を集めて配列し、解説するものです。「百科事典」「歴史事典」「哲学事典」「科学事典」などがあります。

「辞典」は、言葉を集めて配列し、その意味や用法を解説するものです。「国語辞典」「英和辞典」「古語辞典」などがあります。

「字典」は、漢字などの文字を集めて配列し、その読みや意味などを解説したものです。「書体字典」「かな字典」などがあります。

ただし、専門用語を扱うものは、「事典」と「辞典」の使い分けがやや曖昧なケースもあります。たとえば「IT用語事典」と「IT用語辞典」の両方がありますが、事柄の解説に重きをおけば「事典」、言葉の定義などに重きをおけば「辞典」ということになるでしょう。

ちなみに、すべて読みが同じで紛らわしいため、事典のことを「ことてん」、辞典を「ことばてん」、字典を「もじてん」と読んで、区別することもあります。この読み方なら、意味もわかりやすいですね。

わびとさび ってどう違うの？

よく「わびさび」とひと言で言ったりします。日本独特の美意識をさす言葉ですが、もともと「わび」と「さび」は別の意味をもつ言葉でした。

「わび」は「侘《わ》ぶ」の連用形です。もともとは、劣った状態、物が不足することから起こる寂しさ・不満、つまり貧しい様子をあらわす言葉でした。

これが中世以降、肯定的にとらえられるようになり、簡素で閑寂な趣《おもむき》を積極的に楽しむ境地として用いられるようになったのです。とくに茶の湯でこの感覚が重視されました。

一方「さび」は「寂《さ》ぶ」の連用形。時の経過によって古びて特別な味わいのある趣のことをいいます。とくに江戸時代の松尾芭蕉による俳諧《はいかい》の世界では、静かで落ち着いた奥ゆかしい風情が洗練されて自然と外に出るというような感覚として重んじられました。

簡単にいうと、「わび」は「簡素で寂しくていい感じ」、「さび」は「古くて静かでいい感じ」というニュアンスです。歴史的な流れからいえば「さび」は「わび」の美意識がベースになっているともいえます。

神社とお宮 ってどう違うの？

「お宮参り」という行事があります。これは、その土地の氏神様《うじがみさま》に赤ちゃんの誕生を報告し、健《すこ》やかな成長を願う行事です。

この行事が「お宮参り」と呼ばれるようになったのは室町時代のことだといわれていま

す。

本来は、男子は生後31日目、女子は33日目に、出生地や住んでいる地域の氏神様が祀ってある神社にお参りする行事でしたが、今ではそれにとらわれずどこの神社にでも出かけるようになっています。

つまり、「お宮」＝「神社」なのです。さらにいえば、「お宮」は「神社」の尊称ということになります。

ただし、「宮（ぐう）」というときには少し意味が変わってきます。たとえば日光東照宮、北野天満宮など名前に「宮」のつく神社は、徳川家康や菅原道真《すがわらみちざね》など人神を祀ることが多くなっています。

また、伊勢神宮、明治神宮など名前に「神宮」のつく神社は、皇室にゆかりのある神様を祀っています。

基本的には、一般に「お宮」といえば、「宮」「神宮」を含む「神社」をまとめた尊称となります。

霧と靄と霞ってどう違うの？

気象庁の区分でいうと、霧は「微小な水滴により視程が1㎞未満の状態」、靄《もや》は「微小な水滴や湿った煙（湿度50％以上）により視程が1㎞以上、10㎞未満となっている状態」のこと。

また、煙霧《えんむ》というものもあり、こちらは「乾いた煙や砂ぼこり（湿度50％未満）により視程が1㎞以上、10㎞未満となっている状態」です。

つまり、おおむね、視程（ものの輪郭がはっきり識別できる距離）が近い（つまり濃い）のが「霧」、視程が遠い（つまり薄い）のが「靄」か「煙霧」ということになります。

「霞《かすみ》」については気象学の用語としては用いられません（学術的な定義はありません）。

一般には、「霧」や「靄」「煙霧」がかかってぼやけた状態を霞がかっているといいますが、俳句など文学的な言葉の使い方としては、春のものを「霞」、秋のものを「霧」という具合に、季節で呼び分けています。

天国と極楽ってどう違うの？

「天国」はキリスト教の死後の世界、「極楽」は仏教の死後の世界。ともに天上にある国で善人が行けるところ（悪人は地獄に堕《お》ちる）と言えれば簡単なのですが、そう言いきれるものでもないのです。

そもそも生と死をどのようにとらえるかは、宗教の奥義にかかわる問題で、信仰や悟りの核心部分と深く関係しています。そのため、死後の世界についても明瞭なイメージを描くというよりは、哲学的で難解な説明になってしまいます。

基本的に、キリスト教の教理では、世界の終わりにイエス・キリストが再臨し、すべての死者をよみがえらせて裁きを行い（最後の審判）、永遠の生命を与えられる者と地獄へ堕ちる者とに分けられることになっています。

永遠の命を与えられた者が暮らすのが神の国、すなわち「天国」ということになります。しかし、最後の審判の日まで、死者がどう過ごすのかははっきりと示されていませんし、解釈も分かれます。

一方、仏教では阿弥陀仏の浄土（幸福のあるところ）をさしますが、宗派によって「極楽」のとらえ方はさまざまです。

何度も現世という地獄に生まれ変わる輪廻《りんね》転生《てんせい》から離れて（解脱《げだつ》して）、「極楽」に行くというのが基本的な考え方ですが、それも一概にはとらえられません。

浄土信仰では、一切の苦悩がなく、蓮華座で阿弥陀仏が説法するのを聞く極楽のイメージが浸透しています。

おばけと幽霊と亡霊ってどう違うの？

「おばけ」は、何ものかが変化してあらわれ、人に危害を加えたり恐怖感を与えたりするものだといわれます。たとえば物を粗末に扱って捨てたりすると、それが化けて出てくるわけです。

恨みを抱いて死んだ動物が違う姿になって出てくるのも「おばけ」です。化け猫などがこれにあたります。

本来は死んだ人があらわれるものは「おばけ」ではないのですが、一般的には、「幽霊」や「亡霊」のことも含めて「おばけ」と呼ぶことも多くなっています。

それは、幼児言葉として「おばけ」が使われる場合に、「幽霊」や「亡霊」も含めて呼ぶことが多いためです。

「幽霊」は、この世に未練や恨みを残して死んだ人が成仏できず、肉体が消滅したあとも魂がなんらかの姿を借りて、因縁ある人の前にあらわれるとされるものです。

比喩的には「実体がないのに存在するかのように見せかけたもの」について、たとえば「幽霊会社」などといったりします。

「亡霊」もほぼ同じ意味で使われていて、明確な区別はありません。比喩的には「過去に滅びたが、今《いま》も忌わしい痕跡《こんせき》を残すもの」を、たとえば「ナチスドイツの亡霊」などと言ったりします。

倒産と破産ってどう違うの？

会社が債務を返済できない状態に陥ることを一般に「倒産」といいます。典型的な倒産は、手形や小切手の不渡りを6ヵ月以内に2回出して銀行取引が停止されるというパターン。

「倒産」した場合には、その事態を処理するための手続きが進められます。

このうち裁判所の監督のもとに行われる法的な倒産処理の手続きは、清算型と再建型に分かれます。

清算型は、会社が事業を停止し、財産を処分して、その代金を債権者に分配するものです。会社の存続・再建をめざしません。「破産」はこの清算型の手続きの一つです。

再建型の手続きは、債務の一部免除や分割払いなどで債務の負担を軽減し、事業を継続しながら会社の再生を図ります。この手続きには民事再生手続と会社更生手続があります。

つまり、「倒産」したから「破産」するとは限らないわけです。

個人も「倒産」の対象となりますが、一般には「自己破産」がよく知られています。個人の債務整理制度の一つですが、その流れは、地方裁判所への申し立て書類の提出、審尋（裁判官による面接）、破産手続き開始の決定を経て、破産手続き、免責の手続きと進みます。

如来と菩薩と観音ってどう違うの？

仏像は、「如来《にょらい》」「菩薩《ぼさつ》」「明王《みょうおう》」「天《てん》」の四つに分けられます。

　このうち、「如来」には仏教の悟りを得た者という意味があります。

　もともとサンスクリット語で修行を完成した人、真理の体現者という意味の言葉が、真如（真理）より来生《らいしょう》することから「如来」と漢訳されました。阿弥陀如来、大日如来、薬師如来、釈迦如来などがあります。

　一方、「菩薩」とは悟りの完成を求めて修行に励む者という意味があります。

「菩薩」は菩提薩埵《ぼだいさった》（菩提薩多）の略で、菩提は悟り、薩埵は生命あるものの総称です。

「菩薩」には観世音菩薩＝観音さま、千手観音菩薩、文殊菩薩、地蔵菩薩などがあります。

「観音」さまは観世音菩薩となるので、位としては「菩薩」ですが、ただし、来世で「如来」となることが約束されている「一生補処《ふしょ》の菩薩」として、最高位の「菩薩」となっています。

　観世音の名には世間の出来事を自在に観察するという意味があり、救いを求める者の心に応じて千変万化するといわれます。

　そのほか、「明王」は、「如来」が化身した姿で悪人を従わせるもので、不動明王、愛染明王などがあります。「天」は地獄・餓鬼・畜生・修羅・人・天という六道の「天」にいる仏様で、七福神の弁財天などがあります。

失神と卒倒と気絶ってどう違うの？

　マラソンの最中に、ふらふらになって気を失って倒れた――これって、失神？　卒倒？それとも気絶？　国語辞典では、「失神」「卒倒」「気絶」は、次のように説明しています。

「失神」……意識を失うこと。多くは強い精神的ショックや肉体的打撃、あるいは脳貧血などによって起こる。気絶。

「卒倒」……脳貧血などにより突然意識を失って倒れること。

「気絶」……一時的に意識を失うこと。失神。

つまり、ほとんど似たような言葉なのですが、気を失うことは医学的には「失神」と呼ばれ、「大脳皮質全体あるいは脳幹の血流が瞬間的に遮断されることによって起こる一過性の瞬間的な意識消失発作」というように定義されています。

一般的に「卒倒」は、起立状態か座っている状態から倒れて意識を失う状態を強調する意味合いが強くなります。横になって寝ている状態で意識を失うのは「卒倒」とはいえません。

「気絶」は、「失神」とほぼ同じ意味合いで使われますが、「卒倒」に比べると意識が消失したことに重きをおいた表現といえます。

単純な「失神」（気絶・卒倒）は一過性の意識の消失で、すぐに回復します。熱中症や心不全などで意識を失って倒れた場合とは危険性が大きく異なります。

愛と恋ってどう違うの？

「恋愛」とひとまとめにいいますが、「愛」と「恋」は違うもの、という感覚は多くの人がもっているでしょう。では、いったいどう違うのでしょうか？

「恋」はときめいている状態で、「愛」は信頼している状態。「恋」は心配で、「愛」は安心。「恋」は一時で、「愛」は永遠。「恋」は激しく、「愛」は深い……。

人それぞれでいろんな違いがあるかもしれ

ませんが、一般的に、「愛」という言葉には、人類愛、隣人愛、家族愛などともいわれるように大きく包み込むようなイメージがあり、「恋」という言葉には異性間の（どちらかといえば相手に対する一方向の）感情に限定されるイメージがあります。

　しかし、言葉の歴史からいえば、「愛」という言葉はもともと中国から輸入された仏教用語の外来語で、明治時代になって近代ヨーロッパのlove（英語）やamour（仏語）の概念にあてはめられたものなのです。

　では、それ以前の日本にあったものは何かというと、「恋」でした。和語では「おもひ」といい、古代から恋歌、相聞歌《そうもんか》として「恋」が歌われてきたのです。

　このように、輸入された「愛」と日本古来の「恋」を合わせて「恋愛」となったのは明治時代以降のことなのです。

　あらためて考えてみると、英語のloveは「愛」でもあり、「恋」でもあります。あまり愛と恋を別物と考えないほうが幸せかもしれません。

本書は２００９年2月に刊行された『言葉の「違い」がわかる本』（ＰＨＰ研究所）を、文庫化にあたり再編集したものです。

日本こだわり雑学倶楽部：社会、生活、ビジネス、健康など、それぞれのジャンルで活躍するライターで構成。本書では、「コレとアレはどう違うのか」――その違いがわかるようでわからない言葉を徹底収集。「違いがすっきりわかる！」をモットーに執筆した。

藤田隆介（ニュース編、常識編の一部）
小西慶太（生活編、身近な法律編、気になる言葉編）
浅久野映子（常識編）
栗原昇（仕事編）
野村麻里（食べ物・健康編）

講談社+α文庫 この言葉《ことば》の「違《ちが》い」、説明《せつめい》できますか？

日本《にっぽん》こだわり雑学倶楽部《ざつがくくらぶ》

2012年9月20日第1刷発行
2015年6月1日第3刷発行

発行者――鈴木 哲
発行所――株式会社 講談社
東京都文京区音羽2-12-21 〒112-8001
電話 出版(03)5395-3532
販売(03)5395-4415
業務(03)5395-3615

デザイン――鈴木成一デザイン室
カバー印刷――凸版印刷株式会社
印刷――慶昌堂印刷株式会社
製本――株式会社国宝社

落丁本・乱丁本は購入書店名を明記のうえ、小社業務あてにお送りください。
送料は小社負担にてお取り替えします。
なお、この本の内容についてのお問い合わせは
第一事業局企画部「＋α文庫」あてにお願いいたします。
Printed in Japan ISBN978-4-06-281489-8
定価はカバーに表示してあります。

講談社+α文庫 Ⓑことば

言ってはいけない！ 部下と上司の禁句
齋藤 孝
自分を偉く見せるため、責任を回避するため、発せられる上司のNGワードに対抗する方法
590円 B 53-3

「こいつは違う！」と言わせる仕事術
齋藤 孝
仕事ができる人になるため、まずこのセリフを口に出せ！ 心と頭を鍛える37のマニュアル！
619円 B 53-4

*中国語 たった15文型でしゃべっチャイニーズ
王 延偉
小川利康
機中3時間で、ポイントを絞った15の基本文型を楽々マスター！ 中国旅行が楽しくなる！
686円 B 58-1

誰かに教えたくなる「社名」の由来
本間之英
「顔洗い」石鹸から「花王」へ!? 日本を代表する120社の「社名」＝創業秘話を再発見しよう
648円 B 60-1

誰かに教えたくなる「社名」の由来 不況に強い企業精神
本間之英
京セラ、アドバンテスト、非破壊検査、雪国まいたけ……強さの秘密は社名にあった！
743円 B 60-3

*つがわ式世界最速漢字記憶ドリル
津川博義
○《マル》をつけるだけでスイスイ難しい漢字が脳に入る驚異のつがわ式を役立つドリルで体験！
648円 B 64-1

料理雑学図鑑 調理のギモン
渡邊香春子
いざ聞かれても答えられない、誰にも聞けない「裏技伝授」の料理の(超)雑学を一挙公開！
552円 B 66-1

ハングルの愉快な迷宮
戸田郁子
韓国語学習歴30年の著者がハングルの奥深い世界を、愛情こめて描いた痛快エッセイ集！
743円 B 67-1

*悩ましくて愛しいハングル
戸田郁子
韓国語と日本語。微妙な違いを生む生活習慣、歴史文化の違いを愛情こめて描いたエッセイ
600円 B 67-2

悩ましくて愛しいソウル大家族
戸田郁子
韓流のかけらもない91年に韓国人写真家と結婚。家族主義と格闘する熱く楽しい日々！
848円 B 67-3

*印は書き下ろし・オリジナル作品

表示価格はすべて本体価格（税別）です。本体価格は変更することがあります

講談社+α文庫 ©生活情報

*よりよく生きる 手相 未来をズバリ！読み解く	宮沢みち	手には自分の使命が刻まれている。手のひらの線と手の形、指、ふくらみでわかる開運法	648円 C 145-2
イラスト版 ベランダ・庭先で楽しむ はじめての野菜づくり	相川未佳 出川博栄	1㎡あれば野菜づくりは楽しめる！ 成功&失敗から学んだプランター栽培のコツ満載！	705円 C 146-1
「樹医」が教える 庭木の手入れの勘どころ	山本光二	庭の樹木を美しく丈夫に育てる知恵と技とコツを「樹医」の第一人者がはじめて直伝	667円 C 148-1
よりぬき 調理以前の料理の常識	渡邊香春子	まずそろえるべき調理道具から、基本食材の扱い方、定番レシピまでを完全網羅の一冊！	533円 C 149-1
小笠原流礼法 誰からも好かれる社会人のマナー	小笠原敬承斎	おじぎのしかたから慶弔の心得まで、品格ある女性になるための本物のマナーブック	533円 C 150-1
よりぬき 運用以前のお金の常識	柳澤美由紀	今さら人に聞くのは恥ずかしいくらい、超基本の常識から、あらためてやさしく解説！	533円 C 151-1
日本ローカルごはん紀行 47都道府県とっておきの一膳	向笠千恵子	日本の伝統食文化研究の第一人者がおくる、各地で愛されているローカル米料理のルポ	552円 C 152-1
花木と果樹の手入れQ&A集 家庭で人気の庭木95種	高橋栄治	植木の花を毎年咲かせ実をならせるための手入れを分かりやすく解説したQ&A集	686円 C 153-1
1日10分で絵が上手に描ける練習帳	秋山風三郎	物の形を○△□などでとらえて、描き順どおりに練習すれば、絵は上手になる	571円 C 154-1
19時から作るごはん	行正り香	「少ない材料と道具で、調理は短時間に」をモットーにした行正流11メニューを紹介	648円 C 155-1

*印は書き下ろし・オリジナル作品

表示価格はすべて本体価格(税別)です。本体価格は変更することがあります

講談社+α文庫 ©生活情報

タイトル	著者	内容	価格	番号
最短で結果が出る最強の勉強法	荘司雅彦	年収7000万円の超カリスマ弁護士が編み出した、ビジネスマンのための最強勉強法	762円	C 156-1
「体を温めて病気を治す」食・生活	石原結實	体温が1℃上がると免疫力は5~6倍強化。クスリに頼らず「体温免疫力」で病気を治す	571円	C 157-1
おいしい患者をやめる本 医療費いらずの健康法	岡本裕	政府、厚労省の無策で日本の医療は破綻寸前! 現役ドクターがその矛盾と解決策を説く	657円	C 158-1
究極の食 身体を傷つけない食べ方	南清貴	野口整体と最新栄養学をもとにしたKIYO流正しい食事法が歪んだ日本人の体を変える	695円	C 159-1
免疫革命	安保徹	生き方を変えればガンは克服できる。自らの治癒力を引き出し、薬に頼らず健康になる方法	762円	C 160-1
人がガンになるたった2つの条件	安保徹	百年に一度の発見、人はついにガンも克服! 糖尿病も高血圧もメタボも認知症も怖くない	790円	C 160-2
トレーニングをする前に読む本 最新スポーツ生理学と効率的カラダづくり	石井直方	トレーニングで筋肉は具体的にどう変化するのか、科学的に解き明かした画期的実践書!	750円	C 161-1
若返りホルモンダイエット	石井直方	リバウンドなし! 「若返りホルモン」は自分で出せる。やせて若返る本当のダイエット!	619円	C 161-2
生活防衛ハンドブック 食品編	小若順一 食品と暮らしの安全基金	放射能、増量肉、残留農薬、抗生物質、トランス脂肪酸……。隠された危険から身を守れ!	600円	C 162-1
みるみる脚やせ! 魔法の「腕組みウォーク」	小倉義人	脚やせにエクササイズはいりません! 歩くだけで美脚になれる、画期的なメソッドを伝授!	533円	C 163-1

表示価格はすべて本体価格(税別)です。本体価格は変更することがあります

「泡洗顔」をやめるだけ！ 美肌への最短の道
吉川千明
肌質が悪いからと諦めないで！ 吉川流簡単スキンケアで、あなたの肌の悩みが解消します！
562円 C 164-1

ハッピープチマクロ 10日間でカラダを浄化する食事
西邨マユミ
歌手マドンナをはじめ、世界中のセレブが実践。カラダの内側から綺麗になる魔法の食事
562円 C 165-1

冷蔵庫を片づけると時間とお金が10倍になる！
島本美由紀
冷蔵庫を見直すだけで、家事が劇的にラクになり、食費・光熱費も大幅に節約できる！
590円 C 166-1

履くだけで全身美人になる！ ハイヒール・マジック
マダム由美子
ハイヒールがあなたに魔法をかける！ エレガンスを極める著者による美のレッスン
552円 C 167-1

生命保険の罠 保険の営業が自社の保険に入らない、これだけの理由
後田亨
元日本生命の営業マンが書く「生保の真実」。読めば確実にあなたの保険料が下がります！
648円 C 168-1

5秒でどんな書類も出てくる「机」術
壷阪龍哉
オフィス業務効率化のスペシャリスト秘伝の、仕事・時間効率が200％アップする整理術！
667円 C 169-1

クイズでワイン通 思わず人に話したくなる
葉山考太郎
今夜使える知識から意外と知らない雑学まで、気楽に学べるワイン本
648円 C 170-1

頭痛・肩こり・腰痛・うつが治る「枕革命」
山田朱織
身体の不調を防ぐ・治すための正しい枕の選び方から、自分で枕を作る方法まで紹介！
590円 C 171-1

病院ランキングでは分からない 実はすごい町医者の見つけ方
永田宏
役立つ病院はこの一冊でバッチリ分かる！ タウンページで見抜けるなど、驚きの知識満載
600円 C 172-1

極上の酒を生む土と人 大地を醸す
山同敦子
日本人の「心」を醸し、未来を切り拓く、新時代の美酒を追う、渾身のルポルタージュ
933円 C 173-1

表示価格はすべて本体価格(税別)です。本体価格は変更することがあります

講談社+α文庫 Ⓒ生活情報

一生太らない食べ方 脳専門医が教える8つの法則
米山公啓
専門家が教える、脳の特性を生かした合理的なやせ方。無理なダイエットとこれでサヨナラ！
571円 C 174-1

知ってるだけですぐおいしくなる！ 料理のコツ
左巻健男 稲山ますみ 編著
肉は新鮮じゃないほうがおいしい？ 身近な料理の意外な真実・トクするコツを科学で紹介！
590円 C 175-1

腰痛は「たった1つの動き」で治る！
吉田始史 高松和夫 監修
ツライ痛みにサヨナラできる、「たった1つの動き」とは？ その鍵は仙骨にあった！
552円 C 176-1

首・肩・ひざの痛みは「温めて」治す！
吉田始史 高松和夫 監修
誰でも簡単に、悩みとなっている「痛み」を軽減し、さびない体づくりを実践できる！
580円 C 176-2

理論派スタイリストが伝授 おしゃれの手抜き
大草直子
大人気スタイリストが雑誌では語れない本音を大公開。センスがなくてもおしゃれになれる！
580円 C 177-1

理論派スタイリストが伝授 大人のおしゃれ練習帖
大草直子
ワードローブの作り方や、体型の活かし方など知ればおしゃれが楽しくなるアイディアが満載！
580円 C 177-2

朝ジュースダイエット 酵素の力でやせる！
藤井香江
朝食をジュースにかえるだけで、半年で20kgの減量に成功！ やせるジュース67点を紹介
648円 C 178-1

強火をやめると、誰でも料理がうまくなる！
水島弘史
気鋭のシェフが辿り着いた、科学的調理術。たった3つのルールで、美味しく作れる！
650円 C 179-1

本当に知りたかった 美肌の教科書
山本未奈子
日本人の知らない、正しい美容法。これまでの習慣と思い込みを捨てれば、美肌は簡単！
562円 C 180-1

髙橋ミカ流 毒出しスリムマッサージ
髙橋ミカ
体の毒素を流せば、誰でも美ボディ・美肌に！ ゴッドハンドが教える究極のマッサージ術
570円 C 181-1

表示価格はすべて本体価格（税別）です。本体価格は変更することがあります